4·16구술증언록 단원고 2학년 5반 제3권

그날을 말하다

건우 엄마 김미나

이 도서의 국립중앙도서관 출판예정도서목록(CIP)은 서지정보유통지원시스템 홈페이지(http://seoji.nl.go.kr)와
국가자료공동목록시스템(http://www.nl.go.kr/kolisnet)에서 이용하실 수 있습니다.
CIP제어번호: CIP2019009623

4·16구술증언록 단원고 2학년 5반 제3권

그날을 말하다

건우 엄마 김미나

4·16기억저장소 기획 편집
(사) 4·16세월호참사가족협의회 지원 협조

일러두기

1. 음절로 식별 가능한 소리를 들리는 대로 전사하는 것을 원칙으로 한다.

2. 의미를 파악하기 위해 추가 설명이 필요할 경우 [ ]로 표시한다.

3. 몸짓, 어조 등 비언어적 행위는 ( )로 표시한다.

4. 구술자가 말을 잇지 못해 말줄임표를 사용하는 경우 ……, …로 길고 짧음을 표시한다.

5. 비공개 영역은 〈비공개〉로 표시한다.

6. 비공개해야 하는 희생자 형제자매의 이름은 ○○, △△ 등의 도형기호로, 생존자의 이름은 A, B, C 등 알파
   벳 대문자로 표시한다.

7. 비공개해야 하는 제3자는 직분이나 소속, 성만 공개하고, 이름은 ××로 표시한다. 비공개해야 하는 숫자는
   자릿수에 상관없이 □로 표시하며, 지명은 □□로 표시한다.

4·16기억저장소에서는 세월호 참사 5주기를 맞아 구술증언 수집 사업의 결과물 일부를 100권의 책으로 발간하게 되었습니다. 이 사업은 2015년 6월부터 다양한 학문 분야 구술 연구자들의 자발적인 참여로 진행되어 왔으며, 세월호 참사를 좀 더 정확하고 다각적으로 기록하고 기억하고자 하는 노력의 일환으로 수행되었습니다.

2014년 참사 발생 이후, 참사 피해자들의 목격담과 경험은 안타깝게도 공식적인 국가기관과 언론의 기록 속에서 철저히 소외되거나 왜곡되었습니다. 그것은 세월호 참사가 우리에게 안긴 죽음과 고통의 충격만큼이나 우리 사회의 끔찍한 비극이었습니다. 따라서 사업을 진행하면서 세월호 참사 희생자 가족, 생존자, 생존자 가족, 어민, 잠수사, 활동가, 기자 등등, 참사의 초기 과정을 직접 경험한 분들의 증언을 우선적으로 수집했습니다. 구술자는 이 사업의 취지와 방식에 개인적으로 동의한 분 중에서 선정했으며, 참여 과정에 어떠한 금전적 보상이나 이익이 제공되지 않았습니다. 또한 구술증언 수집 사업을 진행하는 동안, 면담자는 연구자이자 참사를 겪은 공동체 시민으로서 최대한 윤리적이고자 노력했습니다.

구술자마다 매회 약 2시간씩 3회를 원칙으로 음성 녹취와 영상 촬영을 하는 방식으로 진행되었고, 증언의 일관성을 확보하기 위해 면담자는 큰 틀에서 공통 질문지를 사용했습니다. 공통 질문지의 내용은 참사와 구술자 간의 관계성에 따라 차이가 있지만, 유가족 구술의 경우 1회차 '참사 이전의 삶, 팽목항과 진도에서의 경험, 자녀에 대한 기억'을, 2회차 '참사 이후 투쟁과 공동체 활동 경험'을, 3회차 '참사 이후 개인 및 가족이 경험한 삶의 변화와 깨달음, 자녀의 현재적 의미'를 중심으로 했습니다. 이처럼 증언 내용은 참사 이전에서 시작해 참사 발생 당시의 경험과 이후의 변화 과정까지 폭넓게 수집했고, 면담자는 구술 채록 과정에서 구술자의 발화를 최대한 존중하고자 했으며, 무엇보다 각자의 특수한 경험과 다른 시각을 충실히 반영하고자 했습니다.

이 구술증언록의 발간을 위해, 채록된 음성 자료는 문서로 변환해 구술자와 함께 검토했고, 현재 시점에서 공개할 수 있는 영역과 할 수 없는 영역으로 구별했습니다. 따라서 책에 실린 내용은 모두 구술자로부터 공개를 허락받은 부분입니다. 비공개 영역은 추후 구술자의 동의를 받아 적절한 절차를 거쳐 추가로 공개될 수 있으리라 생각합니다.

이 구술증언록 100권에는 그동안 우리 사회에 왜곡되어 알려지거나 잘 알려지지 않았던, 참사 발생 직후 팽목항과 진도 혹은 바다에서의 초기 상황에 관한 중요한 증언이 포함되어 있습니다. 또한, 자녀를 잃는 잔인하고 애통한 상황을 겪으면서도 그 누구보다 강인한 정치적 주체로 성장할 수밖에 없었던 유가족의 마음과 경험을 구체적으로, 그리고 여러 각도에서 살펴볼 수 있습니다. 그 외에도, 이 구술증언록은 2014년을 전후한 한국 사회의 여러 측면을 드러내는 귀중한 자료가 되리라고 생각합니다. 무엇보다 국내외의 많은 분이 이 책을 읽어, 장차 세월호 참사의 진상 규명과 역사 서술에 기여할 수 있기를 바랍니다.

구술증언 수집 사업이 진행되고, 책으로 출간되기까지 많은 분의 도움과 지지가 있었습니다. 이 지면을 빌려 부족하나마 감사의 말씀을 전하고자 합니다.

먼저 (사)4·16세월호참사가족협의회와 4·16기억저장소에 감사를 드립니다. 이분들의 신뢰와 적극적인 협조가 없었다면, 이 사업은 처음부터 시작할 수조차 없었을 것입니다. 또한 어려운 정치 환경 속에서도 사업의 취지에 공감해 재정 지원을 결정해 준 아름다운가게와 역사문제연구소에 감사드립니다. 두 단체 덕분에, 이 사업을 4년 동안 계속해 올 수 있었습니다. 그리고 구술증언록 100권의 발간에 동의하고, 바쁜 일정에도 출판 실무를 기꺼이 맡아주신 한울엠플러스(주)에도 감사를 드립니다. 이 외에도 많은 개인과 단체가 직간접적으로 많은 도움을 주시고 격려해 주셨습니다. 여기에 모두 밝히지 못하는 것을 죄송하게 생각합니다.

말할 필요도 없이, 가장 크고 또 가슴 아픈 감사는 구술자 한 분한 분께 드리고자 합니다. 이 책이 발간될 수 있었던 것은, 무엇보다 용기를 내어 아픔과 고통의 기억을 다시 떠올리고 장시간 진심으로 이야기를 해주신 구술자가 있었기 때문입니다. 오랜 시간 이야기를 나누며 함께 공감하기도 했지만, 그 아픔과 고통을 어떻게 가늠할 수 있을까 싶습니다. 더 큰 도움이 되지 못함을 안타까워하며, 이 구술증언록 100권의 발간이 피해자분들에게 조금이라도 위로가 될 수 있기를 기원합니다.

2019년 4월

4·16기억저장소 구술팀 책임자
서울대학교 인류학과 교수 이현정

차례

■ 1회차 ■

건우 엄마 김미나

구술자 김미나는 단원고 2학년 5반 고 김건우의 엄마다. 건우는 자기 할 일을 스스로 씩씩하게 하고, 또 엄마에게 언제나 터놓고 지내는 친구 같은 아들이었다. 엄마는 건우와 형제처럼 지냈던 5인방 부모들과 서로를 보듬으며, 오늘도 건우의 명예가 회복되기 바라는 마음으로 진상 규명을 위해 이곳저곳 부지런히 뛰어다니고 있다.

김미나의 구술 면담은 2015년 11월 3일, 10일, 17일, 3회에 걸쳐 총 3시간 30분 동안 진행되었다. 면담자는 김향수, 촬영자는 박여리였다.

구술자 본인의 프라이버시나 제3자의 프라이버시를 보호해야 할 부분을 제외하고는 구술자의 발화를 있는 그대로 전사했다.

1회차

2015년 11월 3일

1
시작 인사말

면담자   본 구술증언은 4·16 사건에 대한 참여자들의 경험과 기억을 기록으로 남김으로써 이후 진상 규명 및 역사 기술에 기여하고자 합니다. 지금부터 김미나 씨의 증언을 시작하겠습니다. 오늘은 2015년 11월 3일이고, 장소는 안산시 글로벌 다문화센터입니다. 면담자는 김향수, 촬영자는 박여리입니다.

2
구술 참여 동기

면담자   먼저 구술증언에 참여하게 된 계기에 대해 말씀 부탁드립니다.

건우 엄마   계기는, 저희밖에 모르는 일이니까 하기는 해야 될 것 같아서…. 별로 하고 싶지는 않았는데, 저희 일이잖아요. 그래서 한다고 그랬어요.

면담자   하고 싶지 않으셨던 이유가?

건우 엄마   기억하고 싶지 않은 것도 있고, 빨리 헤어나고 싶은 것도 있고. 일단은… 여기 묶이고 싶지 않아요. 제가 유가족이라는 게 티가 안 났으면 좋겠어요(웃음). 말도 안 되는 건데, 그죠?

면담자   티가 안 나길 원하세요?

건우 엄마   사람들이 쳐다보는 게… 저의 자격지심인 거 같아요. 사람들은 그냥 쳐다보는 거 같은데, 그 전에는 그런 게 없었는데, 사고가 난 이후에는 사람들이 쳐다보는 게 부담돼요. 심지어 가족들이 쳐다보는 것도 조금…. '저 애가 정상적으로 살아도 되나?' 그렇게 쳐다보는 거 같고, 제가 하루 종일 울고 있어야 되는 것 같고, 그런 거 있잖아요. '어떻게 엄마가 자식을 그렇게 해놓고 뻔뻔하게 잘 살고 있나' [하는] 죄의식 때문에 그런 거 같아요. 그래서 안 하고 싶었었는데, 그래도 또 우리 아들 일인데… 그게 우선이죠.

면담자   본 구술증언이 어떻게 사용되었으면 하는 바람이 있으세요?

건우 엄마   나중에, 지금 교과서가 문제가 많잖아요. 정확한 역사를 알기 위해서는 이런 게 많이 있어야 될 거 같아요. 지금 그 기록들이 없기 때문에 자기들 마음대로 좌지우지하는 거잖아요. 이거라도, 저희가 할 수 있는 이 조그만 일이라도, 나중에 정확한 데이터가 된다면… 하고 싶어요. 그렇게 이용되었으면 좋겠어요.

3
5반 큰 건우

면담자   제가 건우와 어머님 기록을 언론에서 찾아봤어요.

건우가 많더라고요(웃음). 기사를 보면서 이 건우는 조카가 있고, 이 건우는… 이렇게 분류를 하기도 했습니다.

건우 엄마 　건우가 많아서 저희도 아직 힘들어요.

면담자 　큰 건우, 작은 건우 이렇게 있더라고요.

건우 엄마 　네. 5반에도 건우가 둘 있는데… 작은 건우가 3번이고, 큰 건우가 4번이거든요, 저희가 큰 건우예요. 팽목에 한 달 있었는데… 올라와 보니까 반에서 알아서 저희를 큰 건우로 정해놓으셨더라구요(웃음).

면담자 　어머니, 한 달이나 팽목에 계셨던 거예요?

건우 엄마 　네, 딱 5월 15일 날 올라왔어요.

면담자 　그렇구나. 4월 22일 돌아온 건우가….

건우 엄마 　작은 건우예요. 건우 중에는 [큰 건우가] 다[제일] 꼴찌로 나왔어요. 하다하다 건호라고도 있었어요, 김건호라고. 팽목에서 새벽에 건우가 나왔다고 해서 자다가 가봤더니 "김건호"라더라구요. 그것까지 있었어요. 다 거치고….

면담자 　오면서 '당시 건우 이름이 유행이었나' 하는 생각도 들었습니다.

건우 엄마 　그랬나 봐요, 이름이 너무 이뻐서 제가….

면담자 　이름을 어떻게 지으셨는데요?

건우 엄마   그때 TV를 열심히 봐서, 옛날에 '짝'이라는 드라마가 있었을 거예요. 김혜수 나오고… [남자 배우] 이름이 건우잖아요(웃음). 그래서 그렇게 지었어요, 너무 단순해.

면담자   제 아들 이름은 지섭이에요. [배우] 소지섭을 좋아해서….

건우 엄마   그나마 한자라도 멋있게 해놔서 괜찮아요.

면담자   그렇구나. 건우 이름이 많아 가지고….

건우 엄마   건우는, 우리 건우는 '5인방 김건우' 하면 금방 찾을 수 있어요. (면담자 동영상 검색) 네, 5인방 중에서 하나예요, 한 아이거든요.

면담자   동영상과 UCC, 사진, 그림들이 몇 개 일치하는 게 있어서… 건우가 활발했다고 들었어요.

건우 엄마   네, 활발했어요. 음악도… 드럼도 지가 배우겠다고 해가지고 한 달 배우고 혼자 칠 줄 알게 되었고, 활동도 했고. 기타도 지 친구랑 조금 띵가 띵가 하더니 치더라구요. [가고 싶은] 학교도 여러 번 바뀌었어요, 하고 싶은 것들이. 나중에는… 제가 왜 그 과를 선택하게 되었는지 몰랐는데, 이번에 자기소개서를 보고 알았어요. 얘가 심리 쪽으로 하고 싶다고 했거든요. "다큐멘터리를 보고 너무 감명받아 가지고 그쪽으로 하겠다"고 자기 소개에 써놨더라구요. 그래서 얘가 심리 쪽으로 해보겠다고 나한테 책을 사다

달라고 했구나.

면담자　　　굉장히 능동적인 아이였네요?

건우 엄마　　스스로 자기 건 자기가 찾아서… 제가 맞벌이를 해가지고 많이 도와주지는 못해요. 스스로 알아서 해야 돼요, 밑에 동생도 있으니깐. 알아서 잘했어요.

4
안산에서의 생활

면담자　　　어머니, 안산으로 처음 오신 건 언제였어요?

건우 엄마　　제가 1987년에 왔어요. 고등학교 3학년 때, 아는 분이 회사에 취업시켜 주서가지고. 고3 때 취업 나가잖아요, 상고였거든요. 미리 취업 나갔다가 졸업하고 계속 회사 다녔는데, 그때부터 쭉 안산에 있었어요.

면담자　　　어떤 회사였는지요?

건우 엄마　　반도체, 일본 합작 회사였거든요.

면담자　　　결혼하기 전까지 계속 다니셨어요?

건우 엄마　　아니, 결혼하고도 건우하고 ○○…, ○○ 갖고 그만됐어요, 10년 다녔거든요. 그 이후에도 계속 일은 했어요. 아빠가 혼자 하기는 힘드니깐, 1년만 같이하자고 해가지고 속아서 결혼을 했는데(웃음) 주욱 같이하게 되더라구요.

면담자   결혼은 몇 년도에 하셨고요?

건우 엄마   1996년에 한 거죠, 우리 아들이 97년생이니까. 같은 회사 직원하고 한 거예요.

면담자   사내 연애?

건우 엄마   네.

면담자   어머님이 젊었을 때 더 이쁘셔서 아버님이….

건우 엄마   제가 찜했어요.

면담자   그러셨구나. 사신 곳은요? 결혼하고부터 계속 이 동네에 사셨던 건가요?

건우 엄마   결혼하고 처음에 신혼집은 안양에 있었는데, 출퇴근이 너무 어려우니까 안산으로 이사 와가지고 계속 있었어요, 다른 데는 안 가고. 잠깐 안양하고 시댁에 들어가 1년 정도 있고 대부분 안산에서 살았어요.

면담자   시댁에서 지낼 때는 어떠셨어요? 힘들지 않으셨어요?

건우 엄마   그냥 잘하면 돼요.

면담자   동생하고는 몇 살 터울이에요?

건우 엄마   연년생이에요.

면담자   연년생이면 얼마나 힘드셨을까. 둘째 낳고 일 그만 두셨다고 하셨죠?

건우 엄마   둘째 갖고… 둘째까지 가지니까 미안해서, 제가 100일 출산 휴가까지 다 받았거든요.

면담자   출산 휴가 받고, 그때는 육아휴직제도 없었나요?

건우 엄마   있었어요, 두 달.

면담자   두 달. 출산 휴가는 100일….

건우 엄마   100일 다 받고 미안하잖아요, 애가 덜컥. 연년생인데 똑같이 4월이에요, 생일이. 너무 급해 가지고(웃음).

면담자   4월 8일이.

건우 엄마   건우. 작은놈은 4월 27일이에요.

면담자   샤이니 종현이가 얘기해 준 건우가…(웃음) 샤이니 종현이 4월 8일이 자기 생일인데, 텔레비전에 나와서 "같은 날 태어난 단원고 친구들이 있는데 김건우 군과 한 명 더 오늘 생일이다"고 했거든요.

건우 엄마   아, 그래요?

면담자   방송에서 이야기하면서 그날 문자로 보내달라고 해서 '이 건우는 또 누군가?' 하고 혼자 생각했었어요.

건우 엄마   4월 8일이요.

면담자　　　샤이니라는 가수가 있다 보니.

건우 엄마　　건우 생일 때 음악하시는 분들이 싸인 많이 해주셨다고… "건우가 드럼 쳤다"고 했더니 그때 많이 받아주셨대요, 아직 사인집 안 주셨는데(웃음).

면담자　　　그러면 직장 복귀하기 전에 다시 임신하셔서.

건우 엄마　　네. 그래 가지고… 창피하잖아요.

면담자　　　그러면 막달까지 출근하셨나 봐요. 힘들지 않으셨어요?

건우 엄마　　제가 건강은 타고났어요, 괜찮더라구요. 그랬으면 핑계 대고 그만뒀을 텐데.

면담자　　　일을 다시 시작하신 거는 언제세요?

건우 엄마　　그러고도 계속 일은 안 났어요. ○○ 배고 1년, 1년도 안 됐나? 몇 개월 놀고 계속 같은 계열에, 외주업체라고 그래야 되나요? 그분이 일해달라고 하셔가지고 거기 가서 일하다가… 건우 아빠가 아는 회사에서 일 좀 같이 해달라고. 조금 놀려고 그러면 또 같이 일을 하자고 해서 거기 가서 일하고, 쉰 적이 한 번도 없어요.

면담자　　　스카우트를 엄청 당하신 거네요, 그만큼 일을 잘하시고.

건우 엄마　　제 소원이, 퇴사하고 일주일만 놀아봤으면 하는 게 제 소원이었거든요.

5
건우와의 일화

면담자　　　그러면 아이들 어렸을 때부터 어린이집에 보내셨겠네요?

건우 엄마　　건우는 엄마한테서, 외갓집에서 많이 컸어요. 기저귀 뗄 때까지는 그렇게 컸고, ○○는 어린이집에서 기저귀 뗐어요.

면담자　　　힘들지 않으셨어요?

건우 엄마　　그때는 힘든 거 몰랐어요. 그 조그만 아기들인데도 왜 이렇게 의지가 돼요? 갓난쟁이가 누워 있는데도 든든하고 도둑놈이 와도 나를 지켜줄 거 같고.

면담자　　　아들 둘이라서 그랬을까요?

건우 엄마　　네, 아빠가 늦게 들어와도 하나도 안 무섭고 그랬어요.

면담자　　　외가는 어디에?

건우 엄마　　바로 안산에 있으니까, 다 든든하지.

면담자　　　주로 안산에서 직장 다니셨고요?

건우 엄마　　네, 주로 안산에서 많이 생활을 했었어요. 안양하고 광명 잠깐 나가보고는 다 안산에서 살았다고 봐야지요.

면담자　　　직장 외에 모임은… 종교라든지?

건우 엄마 　 종교가 없거든요. 형님이 기독교신데, 몇 번 가자고 하셨는데, 부활절하고 그런 때마다 살짝살짝 갔다 오고(웃음) 아직도 못 가고 있어요.

면담자 　 안 가시는 이유는 따로 있으셨어요?

건우 엄마 　 예전에는 회사 다니다가 일요일 하루 쉬는 거잖아요. 귀찮아서, 힘들어서 못 가겠더라구요. 지금은… 그 일이 있고 나서는 '신은 없다'고 믿어요. 더 확실해졌어요, 신은 없어요, 그래서 안 가요.

면담자 　 왜 '신이 없다'고 생각하시는지 조금 더 설명해 주세요.

건우 엄마 　 신이 있다면 아이들을 그렇게 버리지 않았을 거 같아요. 제가 그날 얼마나 기도를 많이 했는데… 심지어 아버님 돌아가셨는데, 아버님한테까지 그렇게 [기도를] 했는데 아무도 안 도와주더라구요.

면담자 　 4·16 전에는 주말에 어떻게 보내셨는지요?

건우 엄마 　 평범하지요. 주말에 애들하고 같이, 애들 어렸을 때는 자전거 태워주고…(울음으로 잠시 중단). 더 잘 해줄걸……. 나가서 놀자고 그러면 데리고 나가서 놀고, 공원 같은 데 많으니깐 공원도 가고. 아빠가 놀러 다니는 거 좋아하시거든요. 그래서 휴가 때는 강원도 일주하고……, 자다 말고 밤에 가자고 해서 갈 때도 있고.

면담자   연년생 남자애들이어서 더 투닥투닥하면서 자라지 않았나요?

건우 엄마   건우가 쎄요, 작은 애보다. 딱 잡아놨어요. 엉아[형아] 말은, 제 말은 안 들어도 엉아 말은 들어요.

면담자   아무래도 비슷하면 친구 같아서 남자애들은 기 싸움도 하고 그런데.

건우 엄마   네, 졌나 봐요. 다른 사람들은 동생들이 대든다는데 얘는, 동생이 확실히 졌어요. 없을 때 잡아놨대요(웃음). ○○가 이르잖아요, "엄마 없으면 얼마나 무서운 줄 알아?"

면담자   든든하기도 했겠어요.

건우 엄마   네, 그래서 든든해요. 저녁때 되면, 아빠가 늦게 오면 뒷단속 다 해주고 문 다 닫고 단도리 해주더라구요. 딴에는 엉아라고, 남자라고.

면담자   건우랑 지내면서 기억에 남는 일도 많을 텐데요.

건우 엄마   어떤 걸 해야 되나? 우리 아들… 우리 아들은 저를 밥으로 봤으니깐. 회사 퇴근하고 오면 문 열어주면서 제일 먼저 하는 말이 "엄마 밥 줘". "너는 내가 퇴근하고 오면 밥으로 보이니?" 그러면 휙 방으로 들어가 버리고, 컴퓨터 한다고. 컸을 때는 그렇게 하고, 어렸을 때는 동생하고 둘이 놀고 있는 거 보고 있으면, 문 열고 들어가면 둘이 놀다가 엄마 왔다고 쪼르르 달려오잖아요, 너무 좋고….

　어렸을 때는 아침에 건우가 ○○를 데리고 어린이집을 갔거든
요. 저는 출근 준비하느라 [바쁘고 하면], 밑에 둘이 [미리] 내려가 있
거든요. 데리고 갔다가 데리고 오면 든든하고 '이놈이 말은 틱틱거
려도 속정은 있구나' [생각했죠]. 제가 입원했을 때, 아빠한테 와달
라고 그랬더니 바쁘다고 건우를 보낸 거예요. 그랬더니 자전거 타
고 정신없이 왔더라구요. '역시 큰아들이구나' [하는 생각에] 든든하
죠. 매일 티격태격은 해도 왜 이렇게 든든한지 모르겠어요, 애만
보면은. 아빠보다 더 좋았어요.

면담자　　아이 키우면서, 건우 키우면서 중요하게 생각했던
것들이 있으세요?

건우 엄마　　애들하고 엄마, 아빠 관계가 서먹서먹 안 해지기를
바랐거든요, 처음부터. 친구처럼 하고 싶어서… 어려서부터 말도
툭툭 하고 진짜 친구처럼 했어요. 그랬더니 진짜 알로 보더라구요
(웃음). "하고 싶은 거 하고, 굳이 하기 싫은 거까지는 하지 말라"고,
"니 인생은 니 거니까, 하고 싶은 거 해보고 다른 거 하라"고. 항상
친구처럼 하려고 노력은 했거든요.

면담자　　'친구 같은 엄마가 되어야 되겠다' 생각하신 계기나
이유도 있으세요?

건우 엄마　　우리 엄마, 아빠 때문일 수도 있죠. 저희 부모님들이
살갑지는 않으세요. 그러니깐 저도 그게 좀… 다른 엄마, 아빠들을

보면 애들한테 살갑게 하잖아요. 그게 되게 부러웠거든요, 살갑지가 않으니깐. 나는 우리 아들들한테 그러지 말아야겠다. 저는 그게 제일 중요했어요, "거짓말만 안 하면 된다". 친구처럼 지내면 지가 나한테 거짓말할 것도 없고. 여자 친구 생겼을 때도 데리고 오고, 그 여자 친구한테 선물도 많이 해서 주고.

면담자　　질투 안 나셨어요?

건우 엄마　　진짜 질투 많이 났어요. 속에서는 부글부글 끓었는데… 여친 아프다고 뭘 해서 줘야 한다고 끓여서 주고 그러는데, 지 엄마는 생각도 안 하고.

면담자　　엄마 아플 때는?

건우 엄마　　(한숨) "남자들은 다 저런 거야?" 그래 가면서. 그래도 둘이 안 속이고 집에 와서 놀고 그러는 거 보면 이쁘더라구요.

면담자　　첫 여자 친구는 몇 학년 때 생긴 거예요?

건우 엄마　　중학교 3학년 때.

면담자　　어머니에 대한 믿음이나 그런 게 컸네요, 숨기는 거 없이 여자 친구도 데려오고.

건우 엄마　　네. 저희 애는 숨기는 건 없었어요. 작은놈도 그렇고, 거짓말 할 이유가 없거든요. 나쁜 짓을 하면은, 할 일도 없고 한다고 해서 아주 저기 할 일도 없고, 모르겠어요. 아이들이 저 닮아서 착한 거 같아요(웃음). 딱히 거짓말할 것도 없고… 아직까지는 그런 거 같아요. 제가 알고 있는 범위 안에서는 나쁜 짓은 안 하는 거 같아요.

면담자   엄마들은 아들이 여자 친구 데리고 오면 속이 막 탄다고 하시던데….

건우 엄마   정말 열받더라구요. 그래도 어떡해, 안 그러면 음지에서 놀잖아요. 양지로 데리고 나와야죠.

면담자   첫 여자 친구는 사귀다 헤어졌겠죠, 아마?

건우 엄마   그렇죠, 고등학교 1학년 때 헤어졌죠. 많은 아픔을 겪었죠, 아픔을 겪고 나서…. 나중에 알았어요, 그걸 다독거렸어야 하는데. 저는 그냥 '놔두면 상처가 아물겠지. 내가 굳이 아는 체를 해서 쟤한테 상처를 낼 필요는 없겠지' 하고 모르는 척했거든요. 작은놈도 그때쯤 여자 친구가 있었는데 헤어졌어요. "학교를 안 간다"고 발악을 하더라구요, 건우는 안 그랬거든요. 그것 때문에 학교를 안 간다는 그런 소리는 안 했거든요. 제가 어쩔 줄 모르고 있으니까 건우가 그러더라구요. "지금은 그냥 놔두고 엄마, 잘 다독거려줘야 되는 거야" 그래서 "왜? 그럼 너 그때 섭섭했어?" 했더니 "어, 그때 조금 섭섭했어. 엄마가 알아서 해줬으면 좋았을 텐데. 그걸 안 해줘서… 조금 섭섭했어". 그 얘기를 하더라구, 미안하더라구요.

면담자   실연의 상처가 컸었나 보네요.

건우 엄마   실연의 상처가 컸어요. 그거를 몰랐어요. '애들 풋사

랑이 무슨 상처가 돼' 그렇게 생각을…(한숨) 참… 그랬더라구요.

면담자   평소 몇 시에 일어나셨고 하루 일상에 어떠셨어요?

건우 엄마   예전에는 아침에 9시까지 출근이니까 애들 학교 보내놓고, 출근하면 중간중간 학원 끝날 때쯤 전화해 가지고 밥 먹었는지 체크하고, 지금 뭐 하는지 체크하고. 퇴근하면 정신없이 밥해야 하잖아요. 장 봐가지고 집에 들어가서 부지런히 밥해서 두 놈 밥 먹이고(웃음). 나는 TV 보고 얘네는 컴퓨터 하고. 작은놈은 옆에 와서 달라붙는데 큰놈은 안 그래요. 건우는 좀 시크하다고 해야 하나, 좋게 말하면 시크하고, 그냥 얘기하면 무뚝뚝해 가지고 자기 방에 들어가 가지고 자기 할 일하고. 저녁 때 아빠 오시면 잠깐 얘기하고 자고.

면담자   어머니가 밥만 하는 건 아니잖아요, 사이에 이것저것도….

건우 엄마   네. 물론 밥만 하는 건 아닌데, 제일 큰일이 전 밥이었어요.

면담자   아무래도 성장기 남자애들이라 잘 먹었을 거 같은데요.

건우 엄마   맨날 밥, 뭐든 쟁여놨어요. 간식거리는 항상 떨어지지 않게 쟁여놓으면, 건우 친구, ○○ 친구 다 와가지고 같이 먹고. 건우 친구는, 5인방이라는 친구는, 저희 집에 금요일마다 왔어요. 방에서 진을 치고 있어요, 다섯 명이서. 들어가서 인사받자마자 걔네들 밥부터 해줘야 했어요.

6
단원고 5인방

면담자　　어머니, 그 친구들과 만든 자전거 타는 동영상 그런 건 보셨어요?

건우 엄마　　그 전에 본 적은 없는데 만드는 건 알았어요. 건우가 밤에 늦게 나가기도 하고, 그런 거 찍는다고 얘기도 하고, 자전거 타고 가면서 그런 거 한다고 저한테 얘기는 했거든요. 그렇게 만들어진 건 한 번도 못 봤어요, 전체적으로 만들어진 건. 이번에 처음 봤어요.

면담자　　보고 나서 어떠셨어요?

건우 엄마　　잘 만들었더라구요.

면담자　　굉장히 통통 튀던데요.

건우 엄마　　다섯 놈이 톡톡 튀는 놈인가 봐요. 건우가 나온 분량은 별로 없어요(웃음). 얘는 왜 맨날 찍기만 했는지… 그래도 거기에 건우 이름이 있으니까.

면담자　　다섯 아이가 몇 학년 때부터 이렇게 다닌 거예요?

건우 엄마　　재욱이는 초등학교 때부터 같은 학교 다녔었구요.

준우하고 재욱이가… 중학교 들어가면서부터, 애들이 중학교 들어가면서 그랬던 거 같아요. 제훈이는 아니고.

면담자 　　　중학교는 어디?

건우 엄마 　　　단원중[학교], 거기서 밴드부를 했어요, 재욱이하고 건우하고. 밴드활동을 하면서, 고등학교에 올라오면서 다섯 놈이 한 번에 뭉친 거 같아요. 성호도 나중에, 중학교 때는 몰랐었는데 고등학교 올라와 가지고 성호를 알았던 거 같아요. 2월 달부턴가? 반 올라가면서 성호가 저희 집에 오기 시작했거든요.

면담자 　　　친구들 놀러오고 하면 어머님이 잘해주셨나 봐요.

건우 엄마 　　　저는 나름 열심히 한다고 해줬어요.

면담자 　　　잘해주시고 편하니까 그렇게 오갔을 거예요.

건우 엄마 　　　구박을 했었어야 했는데… 건우가 어렸을 때부터 남들하고 조금 달라요, 톡톡 쏜다고 해야 하나? 사람[들이] 접근하기 조금 어렵… 제가 느끼기엔 '얘는 왕따밖에… 될 수밖에 없어' 그렇게 느꼈었거든요. 그런데 나와서 선생님들한테 물어보면 착하대요. 말도 잘 듣고, 애들도 보듬고 그런데요. "집에서 하고 왜 틀려요[달라요]?" 물어보면 원래 그런 거라고 선생님들이 그러시더라구요.
　　　남하고 친하게 못 지낼까 봐 친구들 데리고 오면 되게 좋아했거든요, 항상. 누구든 데리고 오면 같이 놀게 하고, 친구 없으면 안 되잖아요. 외롭게 하면 안 되서… 제가 건우한테 그랬어요. "너 왕따지?"그러면 "엄마, 왕따 아니고, 만약 왕따라면 내가 애들을 왕따 시키면 되지, 뭐가 걱정이냐?"고. 자기는 그거 아니니깐 걱정하지 말라고 항상 얘기하고. 건우가 손재주가 있어요, 어렸을 때부터 전자로봇이나 그런 활동을… 잘하니깐 애들이 잘 따르더라구요.

면담자   아이 키울 때 학교 소식이나 학원 정보 같은 건 어떻게 들으셨어요?

건우 엄마   학원은… 일단 점심밥 주는 데부터 찾았어요. 점심을 챙겨줄 수가 없으니깐 제일 먼저 찾는 데가 밥 줄 수 있는 학원. 집 근처에 학원이, 교과 과목 해주면서 점심도 챙겨주는 데가 있더라구요.

면담자   초등학교 때 이야기인가요?

건우 엄마   네. 초등학교 때부터 계속 학원을 다녔죠, 애들은. 밖에서 컸어요.

7
건우 동생 이야기

면담자   형제가 연년생이라서 의지가 됐겠어요.

건우 엄마   같이 다녔어요. 근데 연년생이라 되게 친할 거 같은데 데면데면 해요, 나가면은.

면담자　　　　동생도 같은 학교였나요?

건우 엄마　　　같은 단원고등학교 다녔었는데요. 다니다 사고 나서 수습하고 올라왔는데 "그 학교 도무지 못 다니겠다고, 안 다니고 싶다"고 그러더라구요. "왜 그러냐?"고 물었더니 "생존자 엉아들이 와 있는데 화가 난"대요. "그 엉아들 속에 내 엉아가 없으니까 더 화가 나서 못 다니겠다"고. 그래서 옮겨줬어요, □□고등학교로.

면담자　　　　다른 절차 없이 바로 옮기는 게 가능했나요?

건우 엄마　　　네, 교육청에다 얘기하니까 해주시더라구요. 자기가 못 다니겠다는데 어떻게 해, 화가 나서 못 다니겠다는데….

면담자　　　　얘기 들어보니 학교 내에 유가족 형제자매 상담을 해주는 선생님이 따로 오셨다고 하던데요.

건우 엄마　　　처음에 단원고등학교 다닐 때는 상담하는 분이 계셨어요. 그분이 상담을 해주셨는데, 그분도 자원봉사 하시는 분이시라, 서울에 계시는 분이라 자주는 못 오시는 거 같았어요. 3개월인가 하다가 멈췄어요. 서울까지는 갈 수는 없어 가지고, 광화문 앞이거든요. 두 번인가 가고는 자기 스스로 "그만하고 싶어, 안 한다"고. 되게 싫어해요. 세월호의 시옷도 싫어해요, 얘는. 지금도 누구 만나는 것도 싫어하고, 같이 연결된 거 자체를 싫어하더라구요. 엉아 거기도 안 가려고 해요. 아직은 가기 싫다고 하면 안 데리고 가는데…. 치료받다가 중단된 거죠. 중단하고 스스로 지가 찾았어요,

하고 싶은 일 하고, 해야 되겠다는 목표를 정하더라구요. 지금 열심히 하고 있어요.

면담자 　　어떤 건지 여쭤도 될까요?

건우 엄마 　　디자인 쪽 하겠다고, 그림… 학원을 미술학원을 보내달라고 그러더라구요. 들어갔는데 제법 하나 봐요, 상도 받아오고. 어저께도 하나 받았다고, 자기… 되게 심각한 표정으로 들어오더라구요. "나 학원에서 사고 쳤어, 엄마. 학원에서 큰일 났어, 사고 쳐서" 그러더라구요. 큰일이 난 줄 알고, 여자관계인 줄 알고(웃음). 씨익 웃으면서 "상 하나 받았어". 열심히 하고자 하는 일을, 그쪽으로 파는 거 같아요.

8
4·16 이전의 정치관

면담자 　　참사 이전에 사회적인 이슈를 챙기는 편이셨어요? 뉴스를 챙겨보거나 투표를 하신다거나….

건우 엄마 　　투표는 꼭꼭 열심히 잘했죠. 제가 박근혜를 뽑았는데(웃음).

면담자 　　박근혜 대통령 어떤 점이 좋으셨어요?

건우 엄마 　　일단 같은 성이잖아요, 여자. 여자가 할 수 있다는 걸 보여줬으면 해서 뽑았는데… 나도 같은 여자지만 그러면 안 돼. 어쩌다 저 여자는 저렇게 되었는지 알 수가 없네요.

면담자   후회하시는 건 어떤 부분 때문에?

건우 엄마   일단은 [사건의 직접적인 책임이] 대통령에게 있는 건 아니라는 건 아는데요, 한 나라의 대통령이면 구체적인… 대통령으로써 책임을 져야 하는 것이 있잖아요. 그런데 왜 그것마저도 외면하는 건지 알 수가 없고, 왜 저렇게 우리를 못 잡아먹어서 안달인지. 저희가 그 사람한테 돈을 달라고 하는 것도 아니고 만나서 얘기 한번 하자는데 그것도 그렇게 어려운 건지. 그때 흘렸던 눈물은 뭔지, 왜 흘렸는지, 왜 "다 해주겠다"고 그랬는지. 지금 된 게 하나도 없잖아요. 그때 해주겠다는 거 한 가지만이라도 됐더라면 화가 안 날 텐데, 그 사람한테 직접적인 저기를 원하는 게 아니잖아요. 그 사람 처벌을 원하는 게 아니잖아요. 구조적으로 잘못된 걸 고치자는 건데, 언제까지 이런 식으로만 나갈 건지. 이런 식으로 해서 나라 꼴이 뭐가 되겠냐고, 자기가 대통령이라면 대통령으로서 해야 할 직무가 있는 거고, 왜 그걸 망각하고 도망만 다니냐고요. 부딪쳐야 되잖아요, 최소한 부딪치기는 해줘야 되는 거잖아요. 왜 말도 안 들어주냐고요.

면담자   어머님 기억에 대통령이 책임지겠다고 한 부분, 하겠다고 한 부분 중에 어떤 것이 중요하다고 생각하세요?

건우 엄마   저희 유가족들 얘기를 들어주기로 했잖아요. 저는 다른 건 모르고, 우리 얘기 들어주고 "언제든지 오라"고 했던 거…
저희가 그 사람한테 많은 걸 요구 안 해요. 그 사람이 잘못한 건 아
니잖아요, 어쨌든. 그런데 왜 그렇게 말도 안 들어주는지가 이해가
안 돼요. 저희가 서명지 가지고 청와대 앞에 갔을 때도, 서명지조
차 전달을 못 하게 다 막아섰었어요. 왜 서명지조차 전달을 안 받
으려고 그러는 건지, 그 종이 쪼가리가 뭐가 무서워서… 그게 그렇
게 무서운 건 아니잖아요.

면담자 　 그때가 언제쯤이에요?

건우 엄마 　 얼마 안 됐죠. 여름에, 요번에 갔을 때도 다 막았잖
아요. 비 오는 데 앉아가지고…(한숨).

면담자 　 그때 서명 용지 전달하려고 기다리고 계셨던 거예요?

건우 엄마 　 네, 하루 종일 기다렸거든요. 아침부터 가가지고 민
원을 넣으려고 했더니 민원을 못 넣게 하는 거예요, 그게.

면담자 　 민원은 그냥 접수해 줘도 되잖아요. 처리를 약속하
라는 것도 아니고.

건우 엄마 　 그러니까요. 우리가 대통령을 만나겠다는 것도 아니
고, 그 서명지 전달하겠다는 건데 그게 그렇게 나쁜 거예요? 얼굴
을 보겠다는 것도 아니고…(한숨).

면담자 　 그날 비 오는데 종일 앉아 계시면서 여러 생각이 들
었을 거 같아요.

건우 엄마　　　또 그런 생각했지요. '내가 왜 여기서 이렇고 있어야 되나, 언제까지 이러고 있어야 되나, 정말 싫다', '내가 이 나라의 국민이긴 한 건가?', '왜 우리를… 잡아야 한다고 그래야 하나? 나쁜 사람으로 생각을 하게 하고. 왜 우리가…'. 지금까지 나쁘게 안 살았는데, 아무리 생각해도 남들한테 해를 끼친 적은 없는 거 같거든요. 왜 저를 대통령을 욕하는 사람으로 만들어났는지, 나라를 신뢰할 수 없는 사람으로 만들어났는지, 저도 이 나라 국민인데 왜 국민 대접을 못 받고 있는지. 거기서 또 이놈의 새끼는 왜 그때 튀어나오지 못해가지고 나쁜 놈…(웃음) 애미를 버리고 먼저 간 나쁜 놈 생각하고. 거참 희한하죠, 우리 아들 욕을 하고 있고. 남들은 살아나왔는데 왜 못 살아 나와가지고. 이 새끼, 빠릿빠릿한데….

면담자　　　축구를 했다고 하던데요.

건우 엄마　　　축구는 작은 건우가 했어요.

9
참사 후의 생활

면담자　　　아무리 여름이라도 종일 비 오는 외부에서 지내면 춥고 그랬을 텐데, 몸살 나지 않으셨어요?

건우 엄마　　　안 아프네요, 다른 사람들은 아파서 죽으려고 그러는데…(웃음). 제가 이상하게 생각하는 게 그것도 있어요. 저는 잠

도 잘 자고, 밥도 잘 먹고. '나는 왜 아프지도 않을까? 왜 살만 자꾸 찔까?'

면담자   그게 이상하다고 느끼세요, 어머니는?

건우 엄마   네, 비정상적인 거 같아요. 난 왜 이렇게 잘 자고, 잘 먹고, 잘 살고 있나? 너무 비정상적인 거 같아요.

면담자   가족분들 중에 아버님이나 동생은 어떤가요?

건우 엄마   아빠는 가족대책위 일하느라고 바쁘시구요, 작은놈은 자기 생활한다고 학교 갔다가 바로 학원 가서 10시 되면 와요. 저도 월요일에는 온마음[안산온마음센터] 가요. 수요일, 목요일엔 제가 하는 일이 따로 또 있거든요. 화요일, 금요일만 노는데 그 5인방 엄마들이 가만히 안 놔두네요. 보면은 옛날에는 온전히 회사생활만 하던 사람이 놀면 시간을 어떻게 써야 되나 하고 고민을 했는데, 백수가 과로사 한다고 백수 되니까 더 바빠요.

면담자   온마음센터에서 어떤 활동을 하세요?

건우 엄마   온마음에 원예…가 있어요. 원예 프로그램 하는 게 있어 가지고 월요일마다 거기 가고요.

면담자   원예 프로그램이라면 꽃꽂이나 화초, 나무 가꾸는 일 말씀이세요?

건우 엄마   네, 꽃꽂이도 하고, 화분도 심고, 텃밭도 가꾸고….

면담자	언제부터 참여하셨어요?

건우 엄마 거의 1년 된 거 같아요. 이번 11월이면 1년이래요.

면담자 온마음센터 활동 계속 가시는 이유나 하고 나서 좋았던 점은 무엇인가요?

건우 엄마 한번 갔으니까 안 가면 안 될 거 같아서요(웃음).

〈비공개〉

면담자 5인방 어머니들 모이면 어떤 거를 하세요?

건우 엄마 밥 먹고 수다 떨고 그런 거 하는데요, 그냥 같이 앉아만 있어도 좋아요.

면담자 처음에 다섯 분이 모이게 된 계기가 있을 텐데요?

건우 엄마 저희가 팽목에 있을 때 먼저 올라가신 분들이 친구들을 찾기 시작하셨나 봐요. 준우네 하고 저희가 팽목에 늦게까지 있었거든요. 재욱이네, 성호네 모여서 누구누구 이렇게… 그때 모였던 친구들 해서 찾아서 내려 오셨더라구요. 재욱이 아버님하고 준우 아버님이 먼저 올라가셨다가 나중에 건우 온 날, 재욱이 아버님, 준우 아버님이 같이 바지선 탔을 때 건우가 왔거든요. 건우 아빠랑 셋이 가서 다 봤어요, 건우 올라오는 거. 빨리 올라오라고 갔대요. 같이 바지선 타고 갔는데, 그날 올라왔어요.

면담자 건우 만난 이야기는 다시 여쭐게요. 아이들끼리는 친하지만 엄마들은 안 맞을 수 있잖아요.

건우 엄마   지금 잘 되는 건 같은 마음이라 그런 거 같아요. 그
냥 만났으면 '에이, 저 엄마 마음에 안 들어' 하고 안 만날 수도 있
는데, 내 아이 친구의 엄마잖아요. 조금 부족한 면, 저한테도 부족
한 면이 있을 수 있고 그 사람한테도 부족한 면이 있을 수 있는데
감싸 안으려고 해요. 마음이 같은 마음이라 웬만한 건 다 포용이
돼요. 사회에서 만났으면 횡 하고 돌아섰을 수도 있는데, '조금 참
으면 되지' 그런 마음들이 조금씩 있어요, 다들.

면담자   주로 어떤 얘기들 나누세요?

건우 엄마   애들 얘기하고… 항상 똑같은 얘기를 반복적으로 하
는데도 안 질리고, 애들 어렸을 때 얘기하고 커서[컸을 때] 얘기하
고. 누구 집에 뭐가 몇 개 있는지 알 만큼 세세히 이것저것 얘기들
을 해서… 부부 싸움 한 얘기도 하고.

10
수학여행 준비

면담자   어머니, 수학여행에 대해서는 언제 처음 들으셨어요?

건우 엄마   시점은 정확하게 모르겠는데, 수학여행 간다는 얘기
는 들었거든요. 제주도로 간다는 얘기도 들었고. 저는 비행기 타고

간다고 생각을 했어요. 비행기 타고 갔다가 오는 걸로 생각을 하고 있었는데, 배 타고 간다는 건… 가기 얼마 전에 안 거 같아요. '1박 2일' 보면은 불꽃축제 하고 그런 거 있었잖아요. 그런 거 너무 멋있다고, 그렇게 할 거라는 얘기는 들었어요. "배 타면 위험한데?" [했더니] "괜찮다"고, "지금까지 [배] 타고 왔다 갔다 했는데 뭐가 위험하냐?"고… 그랬어요, 저도 아무 소리 안 하고. 그렇게 큰 밴데, 저도 제주도 그 배 타고 갔다 왔거든요. 정말 큰 배였거든요. 별일 없이 갔다 왔고, 저도 '에이 설마 배가…'.

면담자　　　수학여행 준비할 때 기억은?

건우 엄마　　　건우는 따로 수학여행 준비… 과자나 그런 것도 안 싸간다고 그래 가지고, 돈만 달라고 했어요. 5만 원 줬어요. 5만 원 줬는데, 그거 그대로 가지고 나왔더라구요, 하나도 안 쓰고.

면담자　　　옷이나 이런 거는 뭘 준비했어요?

건우 엄마　　　옷 뭐 뭐 가져 갈 건지, 가방 하나… 제가 쓸려고 가방을 샀는데, 건우 쓰고 와서 그다음 토요일 날 제가 쓸려고 건우 먼저 가방에다가 꼭꼭꼭 다 넣어줬거든요, 티고 뭐고. 얘 단화가 구두처럼 되어 있는 단화라… 산에를 간대요, 한라산을. 운동화가 필요하다고, 운동화 새 거 사서 끈 매주면서 "조심해서 가라"고, "조심해서 다녀오라"고. 우산도 필요하다고 그래서 우산도 챙기고. [운동화 끈] 매주면서 "무슨 일 있으면 무조건 잘 따르고 그래야 된다"고 했더니 "지금 세상이 어떤 세상인데" 그러면서. 얘가 좀 비판

적이에요, 사회에. "지금 수학여행 갈 때가 아닌데, 시험도 얼마 안 남았는데, 사고가 한 번 나봐야 된다"고, 얘가 그런 얘기를 했어요. "비행기가 한 번 떨어져 봐야 이 사람들이 정신을 차린다"고. "그런 끔찍한 소리는 하지도 말라"고 제가 혼냈거든요.

면담자   정신을 차려야 한다는 의미는 어떤….

건우 엄마   "사회가 썩어가고 있다"고. 걔가 제일 싫어하는 데가 여성… 부[여성가족부](웃음). 그때 한참 게임 같은 거 시간 제약하고, 남자들 뭐… 하여튼 남자들에 관한 것만 되게 안 좋게 했었나 봐요. 여성부… 되게 싫어하면서 "우리한테 이렇게 하면 안 된다" 그러면서 "사고가 나 봐야 한다"고. "큰일 날, 말도 안 되는 소리 하지도 말라"고 한 대 때렸거든요.

면담자   그래도 여기저기에 관심이 있었네요.

건우 엄마   많아요, 관심이. 드럼 하고 오면 [제가] 되게 혼나요, "저런 불륜 드라마는, 말도 안 되는 드라마는 왜 보냐?"고.

면담자   그럼 어떤 것을 보라고?

건우 엄마   다큐멘터리(웃음). 저는 다큐멘터리 안 보는데…. 영화 같은 거도 "진지한 거 좀 보라"고, "웃기는 거 보지 말고". 특히 드라마 보면 되게 혼나요, "말도 안 되는 드라마를 보고 있다"고. 그러면서 자기도 옆에서 웃기다고 보면서, 지도 궁금하니깐 "그래서 어떻게 됐대?" [하기도 하고].

면담자　　　고등학교 때는 주로 5인방 친구들과 놀고, 학교 마치면 학원은 어땠나요?

건우 엄마　　　학교 마치고 학원을 다니다가요, 지가 학원은 적성에 안 맞는대요. "스스로 알아서 할 테니깐, 야자도 하고 할 테니까 학원 안 다니고 싶다"고 그러더라구요. "그럼 다니지 마라" 그래서 안 다녔죠. 학교 갔다 와서 자기 혼자 집에서 할 거 하고, 저 퇴근할 때까지 혼자 있는 거죠. 작은놈은 학원 계속 다녔고. 건우는 다니다가 수학이 딸린다고 수학 과외를 해달라고 그러더라구요, 수학 과외 시작했었고. 자기가 필요한 부분은 얘기를 해요. 이건 딸리니깐 이쪽 거는 도와달라고. 수학도, 과외 시작하고 시험 처음 보는 거였어요, 그게. 아직 결과도 못 보고… 집에서 그렇게 혼자 잘 지냈어요.

면담자　　　아이들끼리 있으면 어머니로서 불안하거나 그런 건 따로 없으셨어요?

건우 엄마　　　처음에 어렸을 때는 있었는데, 커서는 불안할 게 하나도 없죠. 오히려 걔네들이 집에 없다고 그러면 불안하죠.

11
교실 존치 문제

면담자　　　요즘 교실 존치 문제로 말이 많지요?

건우 엄마	네, 말이 많죠.
면담자	어떻게 생각하세요?
건우 엄마	그것도 참 이해가 안 되는 게요… 아이들이 졸업을

한 것도 아니잖아요, 아직. 졸업을 하고 한 1년이라도 지난 다음에 교실을 없애겠다고 그러면 납득을 할 수 있을 거 같아요. 그때까지 비워놓는다는 건, 이 사람들한테 무리한 일이니까. 근데 아직 졸업도 하지 않은 상태고, 미수습자분들도 계시고.

제일 이해가 안 되는 게 이 교실만큼 교육적인 게 없어요. 제가 분향소 들어가는 것보다 교실 들어가는 게 더 '허걱' 해요. 애기 처음 수습하고 학교 가가지고 교실을 들어갔는데(한숨) 다 하얀색 국화가 있는데 그냥 무너져 내리더라구요. 분향소 그건 댈 것도 아니에요. 진짜 교육적인 거는 교실이라고 봐요. 그 교실은 애들이 꾸몄잖아요, 애들이 꾸며놓은 건데, 그것 말고는 없는데…. 그거 없애면 없어지는데….

아니 어떻게 거기서… 많이 희생된 반만 골라가지고 한다는 게, 뭘로 기준을 잡은 건지. 그걸 숫자로 잡을 수 있어요? 애들 하나하나를? 어떻게 숫자로…(한숨). 말도 안 되는 사람들이지, 그 사람들…. 교육청에서 7반, 8반 아이들이 많아 가지고 남겨놓는다는데, 다른 아이들은, 그 아이들을 숫자로 본다는 거잖아요. 사람인데… 왜 숫자로 보냐고요, 애들을. 정말 말도 안 되는 거 같아요. 어느 정도 기간이 됐으면 제가 용납을 할 수 있을 거 같아요. 교실… "아이들을 위해서 내놔라” 그러면 내놓을 수 있을 거 같아요. 아직 졸업을 안 했잖아요. 이제 3학년인데, 죽은 아이는 학생 아닌가?(울음) 왜 학생 취급도 안 해주고, 사람 취급도 안 해주고. 자기들이 죽여놓고…(울음). 왜 내 새끼를 뺏어가 놓고는… 책임도 안 지고. 그걸 어디다가 얘기해. 다 자기 입장들만 얘기하고, 진짜 나빠요.

왜? 왜 데리고 가가지고는. 딴 애들은 지금 수능 본다고, 대학교 간다고 그러고 있는데…(울음). 왜 우리들은 애들 졸업 앨범을 엄마가 만들어야 되고, 아빠가 교실을 지켜야 되고…. 이게 말이 되냐구요, 스스로 지켜줬어야지. 애를 못 지켰으면 그거라도 지켜줘야 되는 게 마땅한 거 아니냐구요, 왜 그것도 못 지키게 하냐고. 그 사람들이 지켜줬어야지, 왜 우리가 떼쓰는 거처럼 보이게 하냐구요(울음). 저희가 떼쓰는 건가요, 그게? 아직 졸업 안 했잖아요. 졸업하고 나서 얘기해도 되는 거잖아요. 지금 신입생들 받아야 된다고 그렇게 얘기하시는데, 신입생 받는 게 중요한 게 아니잖아요. 또 이런 사고가 나면 어떡할 건데….

전 나가서 피켓[팅] 하고 싶지도 않아요. 그런데 애들 아빠가 “다른 애들 또 이런 사고 나면 안 된다”고, “우리가 안 하면 안 된다”고 그래서 하는 거지. 내가 왜 걔네들까지 책임을 져야 하는 건데. 내 새끼 잃어버렸는데, 내 새끼 돌아오는 것도 아닌데, 왜 맨날 우리한테만 하라 그러고……. 제 솔직한 심정은 그래요. 내가 왜 남의 애들까지 신경을 쓰고, 왜 걔네들 사고 나면 안 된다고 [해야 하냐고요]. “정의 사회 구현이고, 안전한 나라고 다 필요 없다고, 난

나가서 살 거"라고⋯⋯(울음). 하나도 안 해주잖아요. 내가 다른 사람들을 위해서 그렇게까지 그렇게⋯.

내 애 명예를 위해서 하는 거긴 하지만 싫어요, 저도. 나가서 그렇게 하는 거 창피해요, 저도. 사람들이 이상하게 쳐다보는 거 같고. 생전 그런 거 해보지도 않았는데 나가서 배우랍시고 앉아서 죽치고⋯. 그 전경들하고 얼굴 마주보고 앉아 있는 것도 싫고, 내가 왜 여기서 이러고 있는가도 싫고. 저도 우리 아이만 생각하면서 집에서 아이 생각만 하고 싶은데 맨날 밖으로 끌려 다니고(한숨).

그렇게 했으면 최소한 교실은 남겨둬야지, 그것마저도 우리가 떼쓰는 거처럼 꼭 그렇게 해야 되겠냐구요. 그러면 안 되잖아요(한숨). 큰 것도 아니잖아요. 저희가 방안을 마련해 줬는데 왜 들은 척도 안 하냐구요. 싫은 거잖아요, 저희 아이들 자체가 싫은 거잖아요. 왜? 왜? 멀쩡한 애들을 싫은 애로 만들어놓냐구, 왜? 걔네들이 뭘 잘못했냐고. 자기들이 그렇게 해놓고는 왜 걔네들을 혐오스러운 애들로 만들어놓냐구요. 내 새끼가 혐오스러운 애가 아닌데⋯⋯(울음). 나쁜 사람들이에요, 그러면 안 되는데⋯ 소신이 있으면 그러시면 안 되는 거죠. 죄송해요.

면담자   아니에요.

건우 엄마   속상해, 교실 얘기 나오면 너무 속이 상해요. 큰 것도 안 바라요. 거기다가 저희가 교실을 지어주겠다고 했거든요, 부족한 수만큼. 그것도 안 받아들여지는 거예요, 지금. 그것도 싫고,

저것도 싫고, 무조건 나가래요. 우리 아이들이 만든 건데, 거기 책상이고, 가훈 같은 거 써놓은 것도 다 우리 아이들 건데. 그대로 옮겨놓는다고 그대로 되는 거 아니잖아요. 그거 조금 양보한다고 큰일 나는 거 아닌데….

면담자　　　교실을… 아버님, 어머님들이 지킨다고 하시는데요. 따로 진행하는 일도 있으세요?

건우 엄마　　　따로 저희가 할 수 있는 건 없어요. "졸업을 안 한다"고밖에는 할 수 없어요. 미수습자 오실 때까지 졸업 못 한다고, 저희도 방법은 그것밖에 없어요. 교육청에서 지금 피케팅하고 있거든요. 하면 뭐하냐구요, 쳐다도 안 보고 있는데…. 단원고 선생님들도 같은 아픔을 겪으신 분들이잖아요. 왜 안 일어나 주시는지, 그것도 이해가 안 돼요. 같은 직원이라고 그래야 하나? 같이 생활하시던 선생님들이 없어지신 거잖아요. 근데 어떻게 그렇게 나 몰라라 하고 계시는지…. 단원고 선생님들이 더 무서워요, 저기 윗분들보다. 선생님이면 그래도 생각이 있으실 텐데 왜 그러시는지 모르겠어.

12
참사 후 달라진 생활

면담자　　　○○ 전학 때문에 ○○ 담임선생님 만나고 그럴 때, 그런 느낌이 더 드셨는지 아니면 다른 일이 있었던 건지요?

건우 엄마   담임선생님 안 만났어요.

면담자   옮길 때 안 만나셨어요?

건우 엄마   네, 제가 가기 싫어 가지고 아빠 시켰어요, 다. 고등
학교 이쪽으로 옮겨올 때도 학교 가기 싫어 가지고 아빠한테 다 맡
겼어요. 아빠가 힘든 거 알면서도 싫더라구요. 사람들 만나서 굽신
굽신 얘기하는 것도 싫고, 눈 마주치고 얘기하는 것도 싫고. 특히
아는 사람은 더 만나기 싫고. 제가 사고 수습하고 나서도 회사를
다녔어요, 계속. 몇 달 다니는데⋯ 회사 다니면서 사람들이 제가
있으면 하고 싶은 얘기를 못 하는 거 같은 거예요, 느낌이. 저도 그
사람들 눈을 똑바로 보고 얘기를 못 하겠고. 몇 달 다니다가 그만
둔다고 포기했는데⋯ 정말 아는 사람 만나기가 제일 싫더라구요.
그 사람들 눈에 내가 어떻게 비쳐질까 하는 것도 싫고, 건우를 아
는 것도 싫고, 다 싫더라구요. 낯선 사람 만나는 것도 싫고, 아는
사람 만나는 것도⋯. 지금 만나는 사람은 거의 유가족들밖에는⋯.

가족들도 예전에는 한 달에 한 번 만났으면 지금은 두 달에 한
번. 전화를 잘 안 하니깐 엄마, 아빠가 전화를 하시더라구요. 안 하
게 되네요, 자꾸만. [전화]하면 똑같은 얘기 하시니까. "잊어버려라.
언제까지 매여 있을 거냐" 그런 말 하는 거 듣기도 싫고, 노인네들
이 걱정하는 것도 안타깝고. 가족들하고도 멀어지고 친구들하고도
멀어지고. 그러니깐 생활이 그렇게밖에 안 짜여졌어요. 만나면⋯
5인방 엄마들이나 유가족 엄마들. 그 사람들 앞에서는 웃고 떠들

고 그래도 자유롭고, 그 사람들도 제 앞에서 웃고 떠들어도 아무렇지 않고. 다른 사람들하고 웃고 떠들고 하면 이상하게 비춰질 거 같다는 거 있잖아요. '내가 정신병자처럼 느껴지지 않을까?' 그렇게 웃으면서도, 집에서도 ○○하고도 하다가[웃다가] 아주 잠깐 '좋다' 하는 생각이 들어요. 스치면서 '좋다' 하는 생각을 하면서 갑자기 죄의식이 확 들어요. '어머, 내가 큰놈 잃어버려 놓고 이렇게 좋으면 되나? 이제 1년밖에 안 됐는데'.

면담자   아버님은 가협[4·16세월호참사가족협의회] 일 계속하시고요?

건우 엄마   네, 지금 하고 있어요. 심리생계[심리·생계지원분과] 쪽 분과장님 밑에서 쫄따구로 열심히 쫓아다니고 있어요(웃음). 분과장님이 성호 아빠라고 5인방 아빠거든요.

면담자   아버님이 적극적으로 활동하시면서 어머님께도 활동을 권하시는 건지요?

건우 엄마   처음에는 건우 아빠가 활동을 안 했어요, 회사 다니느라고. 그때는 제가 많이 쫓아다니면서 했어요. 건우 아빠가 하면서, 건우 아빠가 "둘 중에 하나만 하면 되지" 하고 저를 집 안에다 넣어놓기는 하는데, 그래도 꼭 가야 되는 데는 가야 하잖아요.

면담자   아무래도 동생이 아직 어리니까.

건우 엄마   걔 저녁밥 챙겨주느라고. 광화문 같은데 가면 9시 돼야 끝나요, 8시, 9시 돼야. 촛불까지 하면은… 오면 10시 되니까. 초창기에는 ○○를 방치해 두었어요. 어느 날 광화문 갔는데 수녀님이 "작은아이까지 잃어버리면 안 된다"고, "집에 있는 아이 챙기라"고 그러시더라구요. 정신이 번쩍 들었어요. "또 하나를 잃어버리면 안 된다"고 그러셨어요. 이제 되도록 ○○한테 맞추려고, 아빠가 하니깐 저는 ○○한테 맞출라고… 근데 별로 제 도움을 바라지 않는 거 같은데.

면담자 　　　집에 들어왔을 때 누가 있으면 좋잖아요.

건우 엄마 　　　좋아하더라구요, 처음엔 몰랐거든요. 있으나 없으나 별… '다 컸는데 뭐가 문제가 돼?' 그랬는데 토요일, "엄마, 어디 안 나가?" 그래서 안 나간다고 했더니 좋아하더라구요. 애가 좋아했구나!

면담자 　　　형 빈자리가 느껴져서 더 그럴 수 있을 것 같아요.

건우 엄마 　　　그런 것도 있는 거 같아요. 같이 안 놀았어도 항상 한 공간에 있었으니까, 그게 컸을 거예요.

면담자 　　　오늘은 여기까지 하고요, 2회차에서 말씀 이어가겠습니다. 감사합니다.

2회차

2015년 11월 1일

1
시작 인사말

면담자   본 구술증언은 4·16 사건에 대한 참여자들의 경험과 기억을 기록으로 남김으로써 이후 진상 규명 및 역사 기술에 기여하고자 합니다. 지금부터 김미나 씨의 구술증언을 시작하겠습니다. 오늘은 2015년 11월 10일이며, 장소는 안산시 글로벌다문화센터입니다. 면담자는 김향수, 촬영자는 문민기입니다.

2
1차 구술증언 이후 근황

면담자   어머니, 한 주 동안 어떻게 지내셨어요?

건우 엄마   잘 지냈어요, 평범하게.

면담자   주말에는 뭐 하셨어요?

건우 엄마   주말에… 주말에 제가 뭐 했지? 오늘이 화요일이죠? (면담자 : 네) 잠깐만요, 잘 기억이 안 난다, 건망증 큰일 났다, 큰일 났다. 집에서 뒹굴었을 거예요. 아… 저녁 때 만났나? 누구 만난 것 같기도 한데. 아, 5인방 식구들 회의 끝나고 만났구나.

면담자   5인방 식구들도 따로 회의해요?

건우 엄마   아니, 그 회의가 아니고 가족협의회 회의 끝나고 항상 저녁마다 모여요, 이 중생들이. 모이면 꼭 전화를 때려요, 나오라고. 저희는 아빠만 가거든요. 제가 안 가고 하면은, 아빠 오늘 감기 걸려가지고 일찍 들어왔는데 굳이 또 저를 나오라고 그래요. 같이 나갔잖아.

면담자   주로 부부 동반으로 모이시는 거예요?

건우 엄마   네. 다섯 가족이 다 모이기가 힘들고 항상 네 가족, 세 가족 이렇게.

면담자   모이면 주로 뭘 하시나요?

건우 엄마   그날 있었던 회의 내용… "오늘 몇 가구 왔더라", "속상하다" 그 얘기하고. 이번엔 너무 조금 왔다고, 35가구밖에 안 왔다고.

면담자   총회였던 거죠?

건우 엄마   네. 일주일에 한 번씩, 항상 일요일마다 하거든요, 6시부터. 점점 적어지니까 그것도 걱정하고, 왜 이렇게 됐는지 우리끼리 의논하고(웃음). 작은 토론회가 돼요.

면담자   거의 매번 회의 마치고 나서 이야기하시는 거예요?

건우 엄마   네. 저희들끼리도 모여가지고 속상해하고, 잘 됐으면 "잘 됐다" 그러고.

면담자	가족회의 때 어머니가 안 가도 다 아시겠네요, 내용을.
건우 엄마	그렇죠, 하도 많이 들어가지고.
면담자	다른 분들은 부부가 같이 참석하세요? 아니면 가족회의 때 부부 중 한 명만 가도 되나요?
건우 엄마	한 명만 가도 소통은 되니까. 저는 저녁 때 주말에라도 애 밥 챙겨줄라고, 이유는 그거로 하고 뺀둥거리고 있죠.
면담자	주로 어떤 거 드세요? 주부니까 반찬이 궁금하잖아요.
건우 엄마	감자탕? 이번에는.
면담자	애가 크니까.
건우 엄마	네. 못 먹는 거 없으니까, 어른이잖아요.
면담자	애기가 아니군요.
건우 엄마	어른이에요, 자기 다 컸대요.

3
4월 16일, 그날

면담자	수학여행 이야기 여쭐게요. 사고 소식 처음 들었을 때 당시 상황부터 말씀해 주시겠어요?
건우 엄마	어떡하지? 큰일 났다. 내가 이래서 오늘 안 올라 그

57

2회차

랬는데……. 그날……? 그날, 똑같이 출근했구요. 회사 다니니까 출근해 가지고, 회사 동료들하고 커피 마시고, 9시에 시작이니까 커피 마시고 컴퓨터를 켰는데 딱 떴어요. 컴퓨터에 제일 먼저 들어가는 게 일이… 컴퓨터에 작업하느라고 들어갔는데 인터넷에 떴더라고…. 쿵 했죠. '설마 아닐 거라'고, '그거 아닐 거라'고. 근데 시간이 그 시간하고 너무 맞아가지고, 그럴 리가 없는데(울음). 그 기사를 보는데 가슴이 쿵 내려앉는 거예요. 머릿속으로는 아니라 그러는데… TV 키[켜]라고, 회사에 TV 있거든요, TV 좀 켜보라 했더니 속보가 나오고 있더라고. 저는 학교에서 문자도 못 받았어요, 건우가 많잖아요. 핸드폰 번호가 다른 엄마 거가 입력돼 있어 가지고 나한텐 오지도 않았어.

바로 학교로 뛰어갔죠. 그랬더니 벌써 난리가 났어, 학교가……. 아닐 거라고 그랬는데… 갔더니, 교실로 뛰어갔더니 어떤 분이… 그분이 전문가인 줄 알았더니 나중에 봤더니 학부모님이시더라고요. 본인이 배를 좀 해보셔서 안다고, "큰 배는 한 번에 침몰할 수 없다"고, "그런 일이 없었다"고, "괜찮다"고, "걱정하지 말라"고(울음). 근데 교실에서 아무리 기다려봤자 아무 이야기도 안 해주고, 아무도 와서 이야기도 안 해주고, 강당으로 다시 가래요. 강당가서 기다리는데, 아이들… 이미 나오는데 건우가, 아무리 기다려도 안 있고(울음). 거기서 아는 사람 전화도 다 해보고, 기자라는 사람한테 물어봐도 그럴 리가 없다고, 배가 그렇게 한 번에 가라앉을수가 없다고, 그렇게 큰 배는 가라앉을 수가 없다고……(울음). 기다렸어요. "설마 가라앉겠나, 그 큰 게", 다 그렇게 이야기하는데, 설마. 중간에 그 이야기도 나왔잖아요, "다 살았다"고, "대피했다"고(울음). 그거 듣고 얼마나 좋아했는데(울음). 그러다 그게 다 거짓말이라고 나오잖아요. 애들이 더 줄어들었잖아요. 애들 이름이 잔뜩 써 있던 게 그나마도 다 줄어들고…(울음).

기다렸어요. 그이가 "데리고 온다" 그래 가지고, 혹시 어긋나면 큰일 나니까, 기다리면 올 줄 알고. 진도가 그렇게 먼지 몰랐어요. 바로 옆 동네, 그 거리 감각도 없었나 봐. 기다리면 오는 줄 알고, 그냥 강당에서 기다리라고. 아이들 데리고 올 거니까, 섬에 있으니까. 섬에서 어부들이… 어선들이 구출한 애들도 있으니까, 진도까지 오면은 그때 인원 파악이 되는 거니까 기다리라고. 바보같이 기다렸어, 거기서. '애가 물에 빠져서 옷이 젖었으면 그거라도 갈아입혔어야 한다'는 생각도 못 하고, 바보같이 엇갈리면 큰일 난다는 생각만 하고 그냥 기다렸어요, 저는.

근데 아니잖아요, 점점 줄어들고. 행정실 쫓아가서 경찰들이… 되면은 바로 바로 거기서 통화들을 하시더라고요, 무전기로. 내려와서 옆에서 듣고…, 애들이 안 와요, 더 줄어들어요. '아차' 싶더라구. 그래서 마지막 버스 타고 진도 내려갔어요, 저희도. 버스가 그렇게 오래 가는 거 처음… 가도 가도 끝이 없어, 깜깜한데, 가도 가도 끝이 없어. 그렇게 먼 데는 세상에서 처음인 것 같애(울음). 그렇게 멀리 가 본 건 처음인 거 같애(울음). 아무것도 없고, 깜깜하기만 하고, 팽목항에 도착했는데 정말 아무것도 없었어요. 비는 오고 깜깜하기만 해요. 어떻게 아무것도 없을 수가 있어, 거기. 아무것도 안 하고 있더라고요, 아무것도. 애들이 거기 있다는데(울음).

　제 동생이 먼저 내려갔었거든요, 체육관으로. "없대"요. "거기도 다 찾아봤는데 없대"요, 우리 아들이(울음). "병원에도 가보고 다 가봤는데 없대"(울음). 안 믿었어요. 그때도 '안 믿어, 못 믿어. 내가 보기 전에 못 믿어……'. 아이들 구하러 오는 사람도 없고, 정말 팽목에 아무것도 없었어요. 천막, 천막 달랑 하나 쳐놓고, 바닥에 돗자리 하나 깔아놓고, 우리보고 "거기 있으라"고(울음). 비 다 새는데, 거기서 우리가 어떻게 앉아 있어. 계속 바다 왔다 갔다 했는데 아무것도 안 하고 있어요, 아무것도.

　새벽에, 12시가 거의 넘어서 도착하고, 시간도 모르고 그냥 깜깜했어요, 깜깜한 밤. 거기 매점 아줌마가 그러는 거예요. "아무것도 안 하고 있다"고, "아무것도 할 수가 없다"고, 아줌마가(한숨). 아니… 그때라도, 그때라도 어떻게 좀 해주지, 어떻게 아무것도 안 하고 있어요? 그럼 얘기라도 해주지. 어떤 상황이라고 아무도 얘기도 안 해주고, 어떻게 아무도 안 가르쳐줄 수가 있어요, 어떤 상황인지. 다 거짓말만 하고, 학교에서부터 거짓말만 하고. (면담자 : 학교에서는 뭐라고 그랬는데요?) 학교에서는 그랬어요, "기다리면 된다"고. "아이들 다 괜찮다"고, "기다리면 온다"고…. "어선들이 아이들 다 구해가지고 섬에서 오는 시간이 많이 걸리니까 조금만 참으라"고. 그게 1시간, 2시간, 몇 시간을 그러고 있었는지. 아침에 가가지고 [저녁] 6시에 버스를 탔는데, 그때까지도 그랬어. 1시간만 있으면 집합이 되고 1시간만 더 있으면 된다고, 계속 시간을 늘리기만 하고… "괜찮다" 그러고. 그 전에라도 미리 이야기를 해줬어야지 제가 판단을 내릴 거 아니에요, 가든지 말든지. 그것마저 판단을 못 하게 기다리라고만 하고. 왜 우리한테 기다리라고 그랬는지(울음). 왜 애들한테도 "기다리라" 그러고, 우리한테도 "기다리라" 그러고(울음). 왜 부모는 학교에다 잡아놓고, 애들은 배에다 잡아놓고, 뭐 하는 짓거리들이냐고 그게. 왜 내가 판단할 수도 없게 그렇게 만들어놓냐고요. "괜찮다고, 애 괜찮다"고 왜 이야기를 하냐고. 지들도 판단이 안 서면서, 지들이 뭐를 할 수 있는데, 아무것도 할 수 없는 것들이…….

지금 생각하면 진짜 나쁜 놈들이에요. 왜 내가 내 의지대로 찾아갈 수 있게, 판단조차 못 하게 있으라고 그러냐고. 왜 그 순간에도 거짓말을 하냐고요. 그게 거짓말로 해서 될 일이 아니잖아요, 이거는. 생사가 갈린 문제인데, 내 새끼 문제인데, 왜 그것마저도 거짓으로 포장을 해가지고… 기다리라는 말밖에 안 하고. 사실대로 얘기를 해줬어야지. 교감도 타가지고 구조됐잖아요. 이야기를 해줬어야지, 자기 혼자 그러면 안 되지(울음). 그 많은 애들을 그냥 놔두고 그러면 안 되지, 말을 해줬어야지……(울음). 왜 부모들을 다 바보로 만들어놓고……. 살아 나오셨으면 이야기를 해주셨어야죠, 어떤 상황인지, 최소한. 우리가 판단할 수 있는 기회는 주셨어야지.

4
구조하지 않는 정부

건우 엄마   그렇게 팽목에 갔어요, 마지막 버스 타고. 그날부터 비 맞으면서 미친년처럼 왔다 갔다 했어요, 팽목에 아무것도 없어 가지고. 관리자인지 책임자인지 뭐 하는 놈인지 데려다 놓고 "저쪽 하고 연락 좀 취해 봐라" 그러면은 연결이 안 된대요. 이 사람은 연결이 안 된대요, 우리 유가족은 [사고 해역에] 들어가 있었거든요, 그때. 우리끼리는 통화가 되는데, 그 사람은 자기들 저기 하고 연결이 안 된대.

면담자   저쪽이라면 어떤 사람을 말씀하시는지.

건우 엄마   배에 구조한답시고 가 있었나 봐요, 그쪽에. 그쪽하고 연결이 안 된대요. 계속 그러는 거예요. 전화가 끊긴다고 그러고. 우리가 "배 하나만 해달라"고, "우리 들어가게 해달라"고, "아이들 있는데 [들어가게] 해달라"고, "상황 보게 해달라"고 그러면은, "잠수할 수 있게 지시 좀 내려달라"고 그러면은 "연락이 안 된다" 그러고, "끊긴다"고 그러고. 이거는 전쟁보다 더 무서운 상황이잖아요. 무전기로 하든지, 통화가 돼야 되잖아. 비상시국에 연락이 안 된다는 게 말이 돼요? 어떻게 그럴 수가 있어. 전쟁이 나서 폭탄을 터뜨려야 되는데 연락이 안 돼서 못 터뜨리면 어떻게 할 건데. 책임자라는 사람이 "그쪽하고 이쪽하고 연결이 안 된다"고, "연락이 안 된다"고, 핸드폰으로 하는 사람이 어디 있어요.

면담자　　　그분이 책임자라고 얘기를 했어요?

건우 엄마　　그 사람이 책임자예요. 그때 당시 책임자가 몇 번이나 바뀌어가지고 계속 더 높은 사람, 더 높은 사람…, 이 사람도 안 된다. 진도 뭐, 경찰서장이라 그랬나? 처음에 그 사람 했다가 "자기는 권한이 아니라 못 한다" [하더라고요]. 그다음에 "더 높은 사람 데려와라" [했더니] 더 높은 사람 데려와도 다 연락이 안 된대요.

면담자　　　당일 저녁 상황이었던 거죠?

건우 엄마　　당일 저녁부터 저희는 싸웠어요, 그 사람들하고. "데려오라"고, "누구든지 데려오라"고, "저쪽하고 연락할 수 있는 사람 아무나 좀 데려오라"고. 데려오는 사람들마다 다 그렇게 이야기해요. 근데 그게 말이 되냐고요, 그게. 사적인 일도 아닌데 개인 핸드폰으로 전화를 하면서 안 된다고 말을 할 수가 있냐고요, 국가 비상사태인데…. 그래, 못 사는 동네 애들이라 그럴지는 모르겠지만, 그래도 애들 목숨인데 한두 명도 아닌데, 그 많은 애들이 거기 있는데, 핸드폰으로 하면서 연락이 안 된다는 게 말이 돼요? 어떻게 거기서 여기까지 통화할 수 있는 게 하나도 없다는 게 있을 수가 있냐고요. 진짜 말도 안 되고… 말이 안 되는 것 같아요, 그거는 정말… 안 되는 거죠.

면담자　　　어머니, 그때 근처로 가보겠다고 배를 해달라 얘기했는데, 그렇게 제안하셨던 이유는 무엇이었나요?

건우 엄마　　　진짜 작업을 하고 있는지 볼라고. 못 믿겠으니까, 아무것도 안 보이니까. 저희 눈에는, 조명탄 쏜다고 했는데 조명탄 쏘는 것도 안 보였고. TV에서는, 저희는 TV도 없고 볼 겨를도 없어서 몰랐는데 나중에 그러더라고요, 어떤 분이 그러더라고요. "지금 구조를 하는데 조명탄이 환하게 대낮처럼 밝혀져 있다"고 그렇게 얘기가 나온대요. 흥분돼서 다들 나오셔서 보는데 아무것도, 조명…탄은 쏴지지도 않고 있었고, 아무것도 없었어요.

　　그건 제가 직접 물어봤어요, 그분한테. "조명탄 왜 안 쏘고 계시냐?"고 했더니 없대요. "그러면 어떻게 하실 거냐?"고 했더니 어디에서 갖고 와야 되는데 갖고 오는 데 1시간인가 걸린대요. "어느 정도 수량이나 되냐?"고 그랬더니 한 3, 40분밖에 안 된대요, 할 수 있는 시간이. "그거 떨어지면 어떻게 하실 거예요?" 그랬더니 "떨어지면 또 다른 데에서 해 와야 된다"고. 그만큼의 텀[시간차]이 또 있는 거잖아요. "지금 1분 1초가 급한데, 미리 생각 안 하고, 관리자라는 사람이 무대책으로 하실 수가 있냐?"고, "이거 말고 다른 방법은 없냐?"고, "아이들 데리고 올라올 수 있는 방법이 없냐?"고 했더니, 자기네들은 모른대요. "제가 잘 모르긴 하지만 머구리라는 거 있다는데 그런 거라도 좀 해주시면 안 되냐?"고 했더니 자기는 그 업체를 몰라서 못 한대요. 그게 말이 돼요? 의지가 없는 거지. 그 사람들은 전문가잖아요. 아무것도 모르던… 제가 그런 걸 이야기할 정도이면 그 사람들은 더 빠삭하게 잘 알고 있었을 거 아니에요. 안 할라고 그런 거지, 그거는.

건우 엄마 김미나

지금 생각하면 그래요. 그건 처음부터 끝까지 안 할라고 그랬던 거지. 하고자 하면은 조명탄 말고도, 어부들이 그것도 가르쳐주셨어요. 오징어배 하면은 조명탄보다 훨씬 환하고 더 잘 보인다고. 그거를 그 사람들이 몰랐겠어요? 어떻게 저희가 하나하나 얘기를 해야 겨우 한 번…. 이야기를 하면 함흥차사예요. 몇 시간이 지나야 겨우 한 가지 해줄까 말까 그런 식으로 며칠이 갔어요, 저희가. 그 사람들하고, 언제인지 모르겠는데, 두 번째 날인가는 저녁 때 나가서 빌기까지 했어요. 그 사람들 앞에다 두고 무릎 꿇고 앉아서 빌기도 했어요, "살려달라고, 살려달라고". 빌면 될 줄 알고 "살려달라고" 싹싹 빌기까지 했는데(울음). 일부러 다 죽일라고 그런 거야. 나중에 알았어요, 그렇게 깊은 바닷속에서는 아이들을 데리고 나올 수가 없대요. 압력 때문에 나오면서 잘못되는 거라고, 처음부터 가능한 일이 아니었다고(울음). 근데도 이 사람들이 그런 말 한마디도 없었고, 다 구할 수 있다고(울음) 처음부터 다 거짓말만 하고…….

거기다 산소 넣는다는 것도 거짓말이었잖아요. 산소가 들어가는 게 아니라는데. 뭐 좀 할라 그러면은 방해하시고들. 어느 날은, 어떤 자원봉사자분이 그랬어요. 배를 어떻게, 어떤 고리를 만들어가지고 고정할 수 있다고, 더 이상 못 들어가게, 못 들어가게라도 해야 되지 않겠냐고. 그다음 날 할라고 그랬더니 뱃머리가 쑥 들어가 버렸어요, 그다음 날. 어떻게 시간이 그렇게 잘 맞을 수가 있느냐고(울음). 진짜 이상한 거는 엄마, 아빠들이 뭔가 좀 할라 그러면… 아이들이 나와요. 그런 날엔 아이들이 되게 많이 나와요. 한 명도 안 나오다가 어떻게 그렇게 잘 맞추어서 나오는지. 이 사람들이… 이 나쁜 사람들이… 잘못된, 애들까지 가지고 장난을 친 거 아니면은 그렇게 할 수가 없어.

5

팽목에서 본 여러 가지 의문점

면담자　　　엄마, 아빠들이 뭘 하려고 하면 아이들이 많이 나왔다고 하셨는데, 조금 더 상세히 말씀해 주시겠어요?

건우 엄마　　아이들이 하도 안 나오니까, 안 들어주니까, 뭐 좀 하자고 그래도, "배를 좀 어떻게 하자" 그래도 말을 안 듣고, 아무런 조치를 안 해주니까 "청와대로 가자" 그러고 처음으로 걸었어요, 진도대교 있는 데까지. 그날 아이들이 정말 많이 나왔어요, 그날. 가는 길에 아이들이 나오면 가는 게 문제가 아니잖아, 아이부터 수습을 해야 되잖아요. 그럴 때 많이 나오고요. 조그만 움직임이라도 보이면, 뭉쳐가지고 뭐라도 할라 그러면 또 아이들이 많이 나오고. 이상한 건 아이들이 꼭 새벽에, 밤에… 그때만 나오고. 그것도 말이 안 되잖아요. 아침부터 저기를 했을 텐데, 아이가 그때그때 나와야지, 시간이 정해져서 한밤중에, 새벽에.

면담자　　　왜 한밤중이나 새벽에만 나오는 거예요?

건우 엄마   낮에 아이들을 수습해 가지고 어디다가 잘… 애들이니까 잘 놔뒀겠지요. 설마 애들을 함부로… 그렇게까지 나쁜 놈들은 아니겠지. 잘 놔뒀다가… 밤이면 카메라고 뭐고 없잖아요, 밤에는 조용하잖아요. 아마 그랬을 거예요, 그랬을 거라고 생각해요. 아무래도 시선을 받고 싶지 않았겠지요. 그렇겠죠? 설마 애들을 함부로… 그것까지는 안 했겠지. 지들도 인간이면, 잘 놔뒀다가 데리고 온 거겠죠. 처음엔 아이를 빼돌리기도 했어요. 첫날인가, 둘째 날인가? 팽목에서… 여기가 부둣가면 이쪽으로 아이가 오기로 했는데, 배가 이쪽으로 와가지고 여기서 바로 구급차 태우고 병원으로 가버리는 거예요, 부모님들한테 안 보여주고. 보여주기로 했는데….

면담자   초반에요?

건우 엄마   초반엔 그렇게까지 했어요, 이 사람들이. "왜 그렇게 하느냐" 하니까…. 애기만 나왔다 그러면은 다 달려가고, "남자아이들 나왔다" 그러면 남자 아이들 엄마 다 쫓아가고, "여자아이들 나왔다"고 하면 여자아이 엄마들 다 쫓아가고. 근데 왜 애를… 엄마, 아빠한테 안 보여주고. 그것도 이상하잖아요, 제일 먼저 부모가 봐야 되는데. 왜 지들이 데리고 와가지고… 도망치듯이 데리고 가냐고.

처음부터 이상했어요. 처음부터 팽목항에 구급차보다 언론사 차들이 더 많이 들어와 있었구요. 처음에 가서 저희가 한 일이 뭐냐면 언론사 "차 빼라"고, "아이들 오면은 구급차 실어서 태우고 가야 된다"고. 그때 아무도 꿈쩍도 안 했어요. 언론사들도 쓰레기야. 어떻게 취재가 먼저야, 아이들이 먼저지. 구급차 지나갈 만큼 길도 안 내놓고 자기들 취재하겠다고, 그러다가 잘못되면 어떡할라고, 한 명이라도 잘못되면 어떡할라고…. 그게 제일 기가 막혔어요. 틈이 없었어요, 언론사 저기로[차 때문에] 무슨 말을 하려고 해도 저희들끼리 이야기를 해야 되는데, 그 스피커폰인가요 그런 거 하나 없이, 언론사 마이크라도 하나만 있으면 달라고 구걸하러 다녔거든요, 저녁 때. 큰 소리로 얘기를 해야 서로 들을 수 있고, 말을 할 수 있으니까. 그런 거 자기들 "없다"고, "없다"고 그러시더라고요. 다 거절당하고 나중에 메가폰 하나만이라도 구해달라고, 아무도 안 구해 오시더라고요. 저희보다는 취재에 대한 저기[생각]만 가득하셨고, 사람을 구하겠다는 생각은 요만큼도 안 갖고 있었던 사람들이…. 거기 있는 사람들은, 나쁜 사람들이죠. 생명보다는… 그치, 남의 생명이 중요한 게 아니니까.

면담자   주로 팽목에서 계속 계셨던 거예요?

건우 엄마   저희는 한 달 내내 팽목에 있었어요.

면담자   체육관에는 안 가시고요?

건우 엄마   체육관엔 안 가고. 체육관에 있어 봐야 정보가 늦어요. 팽목으로 아이들이 오니까 팽목에 있는 게 제일 빨라요. 체육관이 시설이 좋다고, 춥지 않고 괜찮다고 그래도, 거기보다는 바람이 불건 어쨌건 그 앞에 있어야지 바로 [아이를 확인하는] 저기가 되

건우 엄마 김미나

니까. 저희는 팽목을 한 번도 안 떠났어요. 팽목에 있었어요, 한 달 동안.

면담자   첫날 비도 많이 오고 천막에 있어서 몸이 많이 힘드셨을 것 같은데요.

건우 엄마   안 힘들었어, 힘든 거 몰랐어. 며칠 동안 그러고 왔다 갔다 했던 것 같아요. 무슨 생각으로, 어떻게 하고 다녔는지 모르겠는데. 며칠 동안, 비가 이틀인가 온 거 같은데 그냥 비 맞고 다녔어요. 그 사람 옆에서, 책임자라는 사람들 옆에서 뺑 둘러서, 부모님들 뺑 둘러서 "무슨 조치 좀 취해달라"고 계속 서로 이야기하고. 거기서 계속 그러고 있었지. 힘들고 그런 거는 한 번도 느낀 적은 없어요.

6
유가족을 분열시키는 사람들

면담자   팽목항에서 어부들도 이야기해 주시고 그랬다고 하셨는데, 기억에 남는 게 혹시 있으신지요?

건우 엄마   조명탄 대신에 "그거[오징어배] 해도 된다"고 가르쳐 주셨고, 아이들 구했다고 하는 분도 계셨고… 어부들은 그렇게 하셨고. 민간 잠수사분들도 오셔서 "들어가고 싶다"고 이야기해 가지고 "그분들하고 잘 얘기해서 좀 들어가 보시라"고, 그 이야기도 했었고… 그랬던 것 같아요. 막 달려오시는 분들이 많아요, 아이들 구해주겠다고. 민간 잠수사분들이 오셔가지고 자기들은 할 수 있다고, 그러면 제발 좀 해달라고, 나중에 보니까 못 들어가게 했더라고요, 거기. 왜 그랬는지 모르겠지만, 할 수 있다는 사람을 왜 못 들어가게 하냐고. 자기네들이 못 들어가면 할 수 있는 사람이라도 들어가게 놔뒀어야지, 왜 막냐고.

이상한 사람도 많았어요. 체육관에는 그런 사람도 있었대요. 자기한테 돈 주면 그 아이만 데리고 나온다는 미친놈도 있었다고 그러더라고요, 그 와중에 그런 미친놈도 있었고. 진도대교에서 걸어서, 그다음 날 저희가 버스를 타고 왔거든요. 그 와중에 버스 안에서 돈 이야기 하는 미친 새끼도 있었고. (면담자 : 돈이라면?) 아이들 저기 하니까(한숨) 아이들 보상 이야기부터 하는 새끼가 있었어요. 그래서 그 새끼는 버스에서 쫓겨났거든요. 이상한 사람들이 많았어요, 그 안에.

유가족이 아닌 사람들이 많았던 것 같아요. 저희 부모들이 이야기하고 있으면 중간에 툭툭 튀어나와서 말 자르는 사람도 있었고, 왜 그러는지 모르겠는데 자꾸 말꼬리를 물고 늘어지는 사람도 있었고, 지금 생각하면 그 사람들이 방해하려고 그랬던 것 같고. 자꾸 이간질을 시키는 거예요, 저희하고 아무것도 못 하게. 한쪽에서 이야기하면 한쪽에서 또 다른 이야기를 하는 바람에 동요가 되잖아요. 한쪽으로 이야기가 몰아지지가 않아요. 그럼 분란이 생겨서 우왕좌왕하게 되고. 며칠 그렇게 반복을 했는데, 꼭 그런 사람

전우 엄마 김미나

이 한둘이 있어요, 주동을 하는 사람들이.

면담자 방해가 됐던 특정인에 대한 기억도 있으세요?

건우 엄마 어머니는 아니에요, 지금 보니까. 그분이 안 계세요, 유가족 중에. 키 작은, 나이 좀 있으신 분이 무슨 이야기만 하면 뒤에서 토를 툭툭 다시는 거예요. 그분하고 저하고 한판 싸웠는데, "왜 자꾸 그런 식으로 하냐"고 싸웠는데. 그분도 그러니까….

면담자 토를 어떻게 달았어요?

건우 엄마 "이렇게 해요" 그러면은 "왜 그렇게 해야 되는데요?" 하고, "우리 지금 이렇게 해야 되지 않을까요?" 그러면은 "그렇게 하면 되겠어요?" 중간에 그런 식으로 자꾸 어긋나게. 그 사람도 프락치인 거 같애, 지금 생각하면. 그 사람이 지금 없거든요.

면담자 어떻게 싸우신 거예요?

건우 엄마 "하지 말아라. 왜 우리가 하는 이야기를 자꾸 그런 식으로 하냐?"고 제가 뭐라 그랬거든요. 그쪽에서 "자기도 유가족이라 할 말이 있다"고 하더라구요. 지금 보니까 그 사람 없어요. 나중에는 그런 사람들이 많으니까 이름표를 달고 다녔어요. 이름표 달고 잠바, 부모들이 파란색 조끼인가, 그런 거를 입고 저희들끼리 표시를 하고 다녔거든요. 없어졌어, 그런 사람들이. 처음보다는 없어졌는데…….

면담자 아까 그 버스에서 보상금 이야기했다던 사람은요?

건우 엄마   그 노인네도 없어요.

면담자   그분은 버스 안에서 구체적으로 어떤 이야기를?

건우 엄마   "아이들 잘못됐으니까 앞으로 우리가 해야 될 일은 보상금 얼마를 더 받아야 되지 않느냐? 그거를 생각해야 되지 않냐? 지금 한가하게 저기 걸어가고 그런다고 될 일이 아니다". 그런 식으로 이야기한 거예요.

면담자   아이들을 구하는 거보다 돈이 먼저라고 했다는 거예요?

건우 엄마   응, 미친놈이지 그거는. 아이들이 아직 살아 있는, 저희는 살아 있다고 믿었거든요. 그때도 살아 있을 거고⋯ 한 달이 되면서도 저는 안 믿었어요. 머릿속으로는 되는데⋯ 저는 우리 아이가 살아서 어디 딴 데에 있을 거라고 [믿었어요]. 설마 [우리 아이가 나쁘게 되었을까](울음), 말도 안 되는 상상인데 '다른 섬에라도 가 있지 않을까? 혼자 거기라도 있지 않을까? 연락이 안 돼서 그러는 거 아닐까?' 그렇게밖에 생각이 안 되고, 믿어지지가 않아가지고 한 달 내내 아이 찾았다고⋯. 안 믿었어요. 그거 아니라고, 살아 있다고(울음). 걔가 얼마나 빠른 애인데, 남자아이는 빠르잖아요. 얼마나 날렵한 애인데⋯ 그 정도는 분명히 나올 수 있는데, 그것도 바로 앞에가 문인데, 나올라고 마음만 먹으면 얼마든지 나올 수 있는 그런 아이인데⋯. 팽목에 한 달 있을 때 그런 이야기도 하고⋯. 자원봉사하시는 분들이 많아요. 속내를 이야기도 하고 그랬더니 어떤 분이 그걸 기사로 쓰셨대요. 근데 목포경찰서에서 전화가 왔어요, 그 기사 내리라고 그러라고. 내용이 그렇게 나쁜 내용은 아닌데 댓글에 대통령 욕이 달려 있대, 댓글에. 그렇다고 "기사 내리라고 그랬다"고. 그것도 말도 안 되고…. 미친 새끼들이지, 별거 다 간섭을 하고.

면담자   경찰서에서 기사 쓴 분한테 "기사를 내리라"고 전화를 했다고요?

건우 엄마   기사 쓴 분한테는 못 하고, 저희한테 전화해 가지고 "기사를 누가 썼는지 찾아서 내리라" 그러고. 저는 그런 거 나갔는지도 몰랐어요, 그런 이야기가. 아빠한테 그 전화가 왔다 하더라고요, 목포경찰서에서 기사 내리라 그런다고.

면담자   좀 더 구체적인 기사 내용은….

건우 엄마   주저리주저리 저의 이야기를 한 거예요. "아이가 살아 있을 것 같다. 섬에라도 가 있을 것 같다"고. [제가] "그 내용이 뭐가 문제인데?"라고 했더니 "내용이 문제가 아니고 바보야, 댓글에 대통령을 욕을 했단다".

면담자   경찰서에서 아버님께 그런 식으로 말을 했다는 거죠?

건우 엄마   아빠한테는 기사 내리라고만 했는데, 그거는 그 애기지. 기사 내용이 미친년이 주절거리는 얘기밖에 안 되는데, 그걸 내리라고 할 때에는 다른 이유가 있었던 거겠죠. "그 이유가 아마 그걸 거라구", 아빠 추측에 그렇게 말씀을 하시더라고요.

면담자   어느 신문에?

건우 엄마　　신문 아니에요. 보지도 못 했어요, 그 내용을. 주워 들은 거예요, 저도 그거를. 자원봉사자 중에 아는 분이 인터넷 기자인가 봐요. 조그맣게 쓴 건데 거기 댓글 달리는 것조차도 무서웠던 거지요, 이 사람들이. 도대체 뭐가 무서워서 그런 것까지 감시를 하고, 저희가 무슨 죄를 졌길래 사사건건 감시를 하시는지 이해를 할 수가 없어요. 사복경찰도 엄청 많았다고. 저는 세상에 태어나서 사복경찰을 한 번도 본 적이 없었기 때문에 그 사람들이 사복경찰인지 몰랐어요. 나중에 알고 보니까 귀에다가 이어폰 꽂고 다니는 인간들은 다 사복경찰이더라고요. 그 사람들이 우리보다 더 많았어요. 나중에 보니까 보이더라고요, 그 사람들이. 저희가 무슨 죄를 지어서 거기 간 거 아니잖아요. 아이들 찾으러 간 거잖아요.

　　왜 그날부터 저희를 그렇게 감시를 하셨는지, 그것도 이해가 안 돼요. 우리가 뭘 할 수 있다고, 힘없는 부모들이…. 그렇게 고립시켜놓고 뭘 할 수 있다고. 체육관으로 팽목으로 분리를 시켜놓고… 그것도 처음부터 계획했던 것 같아요. 체육관하고 팽목하고 거리가 한 40분 걸려요. 그렇게 멀리 찢어놓으면은 아무것도 할 수가 없잖아요. 그거 때문에 분란도 있었어요, 체육관 쪽하고 저희 쪽하고. 한쪽으로 합치자고 그러면은 저쪽에서는 "바다가 무서워서" 못 오신다는 분도 계시고…. 그렇다고[그래도] 팽목을 지켜야 되잖아요, 여기가 아이들이 제일 먼저 오는 곳인데. 저희는 물러날 수 없으니까 "우린 여기 있을 거"라고. 처음부터 그렇게 분란을 만들어놓은 거야, 부모들을. 처음부터 한 곳으로 모일 수 있게 해줬

74

어야지, 왜 두 군데로 찢어놓느냐고요. 팽목에서 아이들을 바로 볼 수 있는데 왜 체육관이라고 먼 곳까지, 40분이나 걸리는 그 속에다가 집어넣어 놓고, 사람을 가둬놓고 아무것도 못 하게. 그 체육관이 감옥이잖아요. 거기서 한 발짝도 나갈 수 없잖아. 아무것도 할 수 없어요. 그냥 화면만 쳐다보고 있는 거예요. 갇혀 있었던 거라고 봐야죠. 물 주고, 밥 주고, 옷 주고, 가둬놓은 거지 그게 뭐야. 그거는 보호가 아니잖아.

7
부정확한 정보 제공

면담자   아까 정보를 주거나 상황을 이야기해 주는 사람이 없었다고 했는데, 사이사이 브리핑은 언제부터 시작됐는지 기억나세요?

건우 엄마   며칠 째부터인지 모르겠지만 천막도 생기고, 마이크도 생기고… 그 사람들이 와서 브리핑을 한답시고 매일매일 했어요. "배 도면을 가져오라" 그랬어요, 저희가. "배 도면을 갖고 오라" 했더니 이 무식한 새끼들이 A4[용지]에다가 달랑 해갖고 왔더라구요. 학부모가 한둘이에요? 그 많은 학부모들을 빙 둘러 세워놓고, 요만한 A4에다가 카피해 놓고 칠판 이만한 데에다가 놓고 보면 보이나요? 대가리들이 나보다 더 나쁠 수가! 확대를 해오든지, 큰 그림을 가져오든지 했어야지. 그 A4 쪼가리에다 카피해 갖고 와서 그게 도면이라고, 배 도면이라고 보라고 그러면 말이 됩니까? 말이 안 되는 거지. 처음에 갖고 온 도면은 제대로 된 도면도 아니었어요. 증축이 되어 있지 않은 도면을 갖고 오면… 지금은 바뀌어 있는데, 배 도면도 바뀌어 있는데 그것조차도 제대로 전달이 안 되어 있다는 거잖아요. 이 사람들이 부모들을 도대체 뭘로 봤길래, 뭘로 보는지…. 어떻게 그렇게까지 무시를 할 수가 있는지….

면담자　　도면이 잘못됐다는 걸 어떻게 아셨는지요?

건우 엄마　　그것도 걔네들이 이야기를 해준 게 아니고 누군가가 이야기했어요. "이거는 증축된 게 아니라"고, "전 도면"이라고. 그래서 다시 또 갖고 와서 이야기를 하는데…. 매일매일 브리핑은 했어요, 그 이후로. 브리핑은 했는데 "최선을 다 하겠습니다" 그 말 말고는 제가 들은 게 없는 것 같애.

　한 달 거의 다 돼가면서는 무슨 일이 있었냐면은, 브리핑할 때 엄마들이 좀 세게 싸우는 분들이 있거든요. 신경질 내고 "우리 아이 저기 있다"고 시비 걸고 화내고 그러면은 그 아이는 그다음 날 나와요. 그런 일도 있었어요. 그래서 소문이 어떻게 났냐면은 "가서 시비 걸고 싸워야지 아이가 나온다", "너무 얌전하게 있는 부모 아이들은 안 나온다" 그런 이야기도 있었고. 별별 이야기가 다 있었어요. "안산 집에 가서 불 켜놓고 왔더니 아이가 왔다"는 집도 있었고, 그래서 부모들이 "다 안산 와서 집에 불 켜놓고 가고, 아이

자전거를 닦아줬다"고 [하는 집도 있었고]. 아, 엄마가 "예쁘게 화장을 하고 있었더니 아이가 왔다"는 집도 있었고…. 미신 같은 그 이야기들을 믿고 엄마들이 다 따라서 하고. 한 달 동안 진짜 별별 짓을 다 해봤던 것 같아요, 거기서.

그것도 한참 지나니까 무뎌지더라고요. 그냥 생활이 되더라고요. 팽목생활이, 생활이 되더라고요. 사람이 참 적응하기는…. 그 와중에도 믿어지지는 않았어요. 처음부터 끝까지 아니라고…. 팽목의 바람이 그렇게 많이 부는 거는, 저는 세상에 태어나서 바람이 그렇게 많이 부는 바다는 처음이었던 것 같애. 하루도 바람이 안 부는 날이 없었고, 그 사람들이 얘기하는 사리가 있어요. "사리가 제일 날씨가 안 좋은 날이고, 소조기, 중조기인가 그게 있는데, 소조기가 가장 일하기 좋은 저기[날]"라고 그러시더라고요. 근데 그럴 때마다 일이 생겨요, 자기들끼리 분란이 생겨요. 그래서 일을 안 해요. 잠수부들하고 걔네들하고 무슨 일이라도 생겨서, 소조기라고 바다가 가장 잔잔한 날은 일을 안 해요. 사리 때는 아이들이 좀 나와요. 그것도 말이 안 된다고 이상하다고 그랬더니, 나중에 알고 보니까 그것도 걔네들이 잘못 파악하고 있었다고 그러더라고요. 소조기, 중조기, 사리마저도 잘못 파악을 하고 있었다고. 그러니까 제대로 된 게 한 개도 없었어요.

면담자   잘못 파악하고 있었다는 건 언제 아셨어요?

건우 엄마   거의 다 돼서, 말 다 돼서 알았죠.

면담자　　　4월 말?

건우 엄마　　　아니, 5월. 저희 아이 오기 얼마 전에 "이것도 잘못된 거라고 그러는 것 같더라, 바깥쪽 바다하고 이쪽 바다하고 틀리다".

면담자　　　그 이야기를 어부분들이 해주신 거예요?

건우 엄마　　　저는 아빠한테 들었는데, 아빠는 브리핑할 때마다 왔다 갔다 하면서 그런 이야기를 들은 거겠죠. 아빠는 계속 바지선을 탔어요. 혹시나 걔네들 일 안 하고 있나 해가지고, 바지선도 타고 헬리콥터도 타고 이렇게 돌아도 보고…. 그렇게 한 달을 보냈던 것 같애.

8
바지선에서 감시 활동, 수습 후 팽목 방문

면담자　　　한 달 동안 계셨구나, [건우는] 5반 아이들 나올 때 같이 나온 건가요, 아니면 좀 늦었나요?

건우 엄마　　　5반 아이들이 다 나오고요. 딱 2명 안 나왔었어요, 성현이 하고 건우하고. 그날 같이 나왔어요. 건우 먼저 나오고 양 사무장 나오고, 그다음에 성현이 나오고. 그게 기쁜 일이 아닌데… 기뻐했어요, 다행이라고. 팽목에서는… 아이들이 온 거만으로도 다행이라고, 찾아서 다행이라고. 찾으면 미안해서, 죄인이 돼가지고 가는 데가 팽목이에요. 살아서 온 것도 아닌데 찾은 거만으로도 다행이라고.

그게 사람 사는 데에요? 어떻게… 애기를 찾으면 왜 죄인이 돼야 되는데? 못 찾은 사람들한테 죄인이 돼서 말 한마디도 못 하고 그저 미안하다고만 하고… 팽목은 이상한 곳이었어요, 너무 이상한 곳. 죽은 애가 오면 너무 반가워하고 좋아하고……. 옆에 사람한테 미안해서 어떻게 할 수가 없고. 우리 반에 두 명 남았는데, 두 명 다 나왔다고 얼마나 좋아했는지… 미쳤지, 부모들이 좋아 가지고…. 바지선에 탔어요, 그날 아빠가. 건우 친구 아빠들이 오셔가지고 "오늘은 꼭 데리고 가야 된다"고, 그래서 그날 바지선을 탔는데 그날 나왔어요, 건우가. 아빠가 효자라고(울음) 할아버지가 건우보고 효자라고, 그게 말이 되냐고(한숨). 아빠가 바지선에서 보고 있는데, 그 전날 아이들이 많이 나왔거든요. 그것도 이상해요. 저희들이 브리핑 가면은, 배까지 가는데 최소한 20분이 걸려요. 잠수부들이 들어가서 조금 있다가, 알파 잠수부분들이라고 바로 다이빙하는 잠수부분들을 부르면은 아이들이 오는 거예요. 거기서 안게 그거예요. 알파 잠수부들을 투입을 하면 누군가 나오는 거예요. 그 애를 수습하기 위해서 그 잠수부가 도와줄라고 튀어 들어가는 거거든요. 전날 꽤 많이 아이들이 왔어요. 그날 너무너무 날씨도 좋았고, 계속할 수 있는데 멈추더라고요. 더 하라고 거기서 소리지르고, "계속할 수 있는데 왜 안 하냐"고. "안 된다"고, "오늘은 작업이 끝났다"고.

다음 날 거기 앉아서 보고 있는데 잠수부가 들어간 지 10분도 안 됐어요. "알파 잠수부를 투입하라" 그러는 거예요. 그러면은 누가 나왔다는 이야기거든. 아직 배에 접근할 시간도 안 됐는데… 그게 저희 아이였어요. 아빠가 봤는데 바다 위로 딱 떠오르더래요, 아들이. (면담자 : 바지선에서 보신 거예요?)(울음) 전날 미리 찾아놓지 않고서는 그렇게 될 수가 없거든요. 최소한 20분은 들어가야 배거든. 이 사람들이 왜 애들을 가지고, 끝까지 왜 불쌍한 애들을 가지고 그렇게 장난을 치냐고요. 10분이란 건 배까지 접근도 못 하는 시간이라고 자기들 입으로 분명히 그렇게 얘기를 했거든요. 20분은 걸려야 배까지 들어갈 수 있다고. 근데 어떻게 10분도 안 돼서 우리 아이가 그렇게 나올 수가 있냐고. 그것도 이해가 안 되는 거잖아요.

면담자　　　잠수사 없이 그냥 바다로 나가신 거예요?

건우 엄마　　잠수사가 들어가서 했는데, 배 근처에 우리 아이를 데려다 놓았는지 어쨌는지 그거는 몰라요. 바닷속 일이라 그것까지는 모르겠지만, 최소한 20분 들어가야 나올 수 있는 애가 10분만에…….

면담자　　　어디서 20분이 걸리는 거예요?

건우 엄마　　바지선에서 배까지 가는 데에.

면담자　　　아래로 들어가야 되니까?

건우 엄마　　네. 그 정도 시간이 걸리는 거예요, 들어가는 데만.

10분도 안 돼서 아이 나왔다고 알파 잠수부를 불렀을 때는 그 아이가 그 안에 있었다는 게 아니잖아요. 제 생각이 그래요, 그게 말이 안 된다고. 그거보다 빨리 온 아이들도 있어요. 10분도 안 돼서 나온 아이도 있다는 거는 이 사람들이 장난을 쳤다는 거밖에 안 되잖아요. 지들 입으로 "최소한 20분은 걸려야 배 속까지 들어갈 수 있다"고 했는데. 끝까지 저희를 갖고 논 거지, 이 사람들이. 전날 그렇게 작업을… 모르겠어요, 우리끼리 한 이야기예요. 진짜인지 어쩐지 아무도 모르지만, '이 인간들이 분명히 할당량이 있으니까, 전날 더 많이 해놓고 그다음 날 아이를 올린 거 아닐까? 그다음 날 아무도 못 찾으면 안 되니까 그런 식으로 한 거 아닐까?' 별별 생각을 다 해봤는데(한숨). 그러면 또 너무 화가 나잖아요. 왜 우리 아이를 가지고 끝까지 그렇게 장난을 치는지 알 수가 없고.

면담자   바지선 타고 아버님이 들어갔던 게, 매일 그렇게 들어갔던 건지 아니면 언제부터 들어가셨는지요?

건우 엄마   4월 지나서부터, 5월 달 돼서부터는 이틀에 한 번 꼴로는 바지선 탔던 것 같아요.

면담자   매일 가는데 아버님은 이틀에 한 번이었던 거죠?

건우 엄마   네. 갈라면 매일매일 갈 수는 있어요. 그것도 교대를 했어요, 지킬라고. 이 사람들이 일 안 하고 있을 수 있으니까, 잠수사들하고 하도 트러블이 있어 가지고. "위험해서 못 들어간다" 그러고, "벽이 허물어지고 있어서 못 들어간다" 그러고. 나중에는 "해군이 먼저 가서 안전한지 확인하고 잠수사들이 들어갈 수 있게 해주겠다"고 이야기하고. 항상 그랬어요, 항상. 항상 무슨 일이 생기고, 아이들을 위해서 일을 했던 시간들은 얼마 없었던 것 같아요. 왜 이렇게 무슨 일이 많이 생기는지(한숨). 그때도 언딘? 팔팔[88수중]이 철수를 한다고 했나요? 하여튼 거의 마지막쯤에 저희 아이가 나온 거예요. 팔팔이 철수를 하고 다른 잠수사들이 투입이 된다고 그러면 그 사람들이 또 새로운 길을 들어가는 거잖아요. 시간이 더 오래 걸리잖아요. "더 가망이 없어진다", "어떻게든지 좀 있어달라. 좀 잡아달라" 그러면 여기선 "항상 최선을 다한다"고 그러고. 하셨던 분들이 낫잖아요, 아무래도 길을 아시니까. 항상 잠수사분들하고 트러블이 있었어요. "최선을 다 해달라"고 하면은 그렇게 한다고만 하고 결과는… 나중에는 철수한다는 이야기까지 나오고.

면담자　　5월에 팽목에 계셨던 부모님들은 어느 정도 되셨는지요?

건우 엄마　　아직도 아홉 분은 계신 거고요. 지현이가 제일 마지막이죠, 팽목 쪽에서 온 거는. 지현이가 언제 왔지? 지현이 생일날이 얼마 안 지났는데요.

면담자　　가을이었던 거 같은데요.

건우 엄마　　네, 며칠 전에가 생일이었어요. 그때까지 계셨던 거니까 엄청난 거죠. 같은 천막 안에서 한 명이, 여자아이, 민지가 안 나왔었어요. 일주일에 한 번씩 내려갔고, 몇 달 동안. 그러다가 민지가 와서 안 가게 됐거든요. 그러고는 반별로 팽목 가야 된다고 해서 계속 가고, 지현이 때까지는 그랬던 것 같아요. 다윤이하고 은화 때문에도 계속 간담회 하면서도 다들 내려갔다 올라갔다, 팽목은 그렇게 했던 것 같아요. 실종, 미수습자분들이 인양 계획하실 때까지는 계속 왔다 갔다 했어요.

면담자   어머니, 다시 가실 때 좀 힘들지 않으셨어요?

건우 엄마   거기 한 달 있다 보니까… 정이 들었나 봐요, 가면 마음이 편하더라고. 처음엔 그랬거든요. 근데 지금 가라 그러면은 돌멩이를 얹고 가는 거 같아요. 그 길이 왜 이렇게 무거운지. 수십 번도 더 왔다 갔다 한 그 길이 지금 갈라고 그러면은 가슴에 돌멩이가 하나, 큰 돌멩이가 하나 있어 가지고 그렇게 무거운지 모르겠어요. 가기만 하면은 무거워요. 안 가고 싶어요, 이제는. 처음에는 뭣도 모르고, 거기서 아이를 찾았으니까, 아무 생각이 없었던 것 같아요. 그냥 갔어요, 그냥 갔는데 지금은 못 가겠어요. 얼마 안 됐는데, 거기 가는데 정말 너무 아프더라고, 왔다 갔다. 그 길로 아이를 데리고 왔거든요. 리무진 앞세우고 저희는 택시 타고 뒤 따라 왔는데 그게 자꾸 생각이 나가지고… 이제 안 가고 싶어요……. 근데 아빠들이 또 가야 된대요. 동거차도를 또 가더라고요.

면담자   4·16TV 통해 동거차도 상황 보니까 거의 정글 수준이던데요. 아버님이 동거차도 다니실 때 몸이 정말 힘드셨을 것 같아요.

건우 엄마   앓더라고요, 끙끙. 근데 가서가 더 아프대요. 바다 쳐다보고 있으면 더 아프대요. 바지선에서 작업하는 거 안 보여주잖아요. 나쁜 새끼들이 자꾸 고개를 돌리잖아요. 망원경으로 보면은 개들은 그거를 이렇게 바꾼대요, 볼 수 없는 각도로.

면담자   바지선을 돌리는 거예요?

건우 엄마   배 자체를 이렇게 돌려놓았다 그러더라고요, 아예 못 보게. 이번에 또 가거든요, 13일 날. 거기 가는 게 힘든 게 아니고 가서 쳐다보고 있는 게 너무 속상하대요. 그 가깝잖아요, 섬하고 그 현장하고. 그래서 "더 속이 상한다"고 그러더라고. 얼마든지 구할 수 있었는데… 뛰어내리라고만 했으면 다 살 수 있었을 건데. 아이들이 가장 원기 왕성할 때잖아요, 여자아이건 남자아이건… 그 나이 땐 돌도 씹어 먹는다는데. 나오라고만 했으면(한숨), 진짜 그거 한마디만 했으면, 그 한마디가 뭐가 그렇게 어렵다고. 누구라도, 거기 있는 사람 누구라도, 꼭 선원이 아니었어도, 어른들이라도 뛰어내리라고 한마디만 했으면 애들이 다 뛰어내렸을 텐데. 왜 선생들이고 어른들이고 그 한마디를 못 해가지고, 어떻게 그렇게 약속이나 한 듯이 아무도 입을 뻥긋도 안 할 수가 있냐고. 얼마 전에 그 쌍둥이배 있잖아요. 그거 매각된다고 보러 갔어요, 건우 아빠가. 그것 보고 와서도 마음이 아파 가지고 어떻게 할 줄 모르더라고요. 배가 진짜 크대요. 큰 배가 그렇게 된다는 게 말도 안 된다고, 배가 너무 커 가지고 화가 났었다고. 근데 그거보다 큰 게 세월호잖아요.

면담자　어머니, 건우가 문 앞에 있었다고 했는데 그건 무슨 말씀이세요?

건우 엄마　CCTV를 보니까, 들락날락하는 거 보니까 바로 문 앞이에요. 바로 나오면 갑판이더라고요. 아이들 노는 게 CCTV에 다 찍혀 있어요. CCTV도 봤거든요, 애들 그 안에서 생활하는 거. 전날까지 자기들끼리 매점 왔다 갔다 하고, 사진 찍고 바다 보고, 그날 아침까지도 좋아 가지고(한숨). 바로 앞이거든요. 5반이라 어디에 있는지 알잖아요. 나올 수 있는 덴데……. 걔네들은 껑충껑충 뛰잖아요. 얼마든지 튀어나올 수 있는 아이들인데……. 왜 그 많은 사람들이 그 말을 못 했을까요.

면담자　어머니, 건우랑 마지막 통화나 문자했던 게 언제예요?

건우 엄마　전날, 안개가 꼈길래 "갈 수 있겠냐"고 전화를 했더니 아직 안 간대요. "저녁은 먹었냐?" 했더니 저녁은 먹었다 그러더라고요, 대기하고 있다고. 그러고 나서 또 전화를 했어요. 몇 시인지 기억이 안 나는데, 9시인가, 8시인가? 그때쯤에 다시 전화를 했더니 지금 배 출발해야 돼서 인원 파악해야 한다고, "니가 뭔데 인원 파악을 해?" 했더니 자기가 그 방 조장인지 뭔지 그거 된다고 인원 파악해야 한다고 "끊어, 엄마" 그러더라고요. 그게 끝이죠. 머스매들은 말이 단답형이에요. 기집애들은 엄마한테 사랑한다고도 하고 별별 말을 다 한다는데, 머스매들은 뭐가 이렇게 단답형인지. 뭐

물어보면 "네", "아니오". 왜 그래 도대체… 살갑게 이야기 좀 해주지……. 그게 끝이에요, "끊어, 엄마. 인원 파악해야 돼". 지금은 어디 가서 그 소리를 들어. 이제 나한테 "밥 줘" 하는 사람도 없어(울음). 나 알로 봐도 괜찮으니까 건우가 있었으면 좋겠어(울음). 말도 안 되죠. 이제 다 키워놓았다고 생각했는데…. 이제 지 앞가림한다고 마음 놓고 있었는데…. 놀러가다가 그런 거 아니잖아요. 이거 학교 수업이잖아요. 안 가도 되는 게 아니잖아, 왜 그걸 그렇게. 저도 비행기 태워줄 만큼 돈 있어요. 비행기 태워줄 만큼 돈 있는데 배로 갔다고 왜 못사는 사람 취급을 하냐고(한숨). 내가 지켰어야 되는데…. 그렇죠, 내가 믿은 게 잘못이지.

9
건우 다시 만난 날

면담자   건우 찾은 날 이야기할게요. 그날 상황, 데리고 올라오는 과정에 대해서 말씀 부탁드립니다.

건우 엄마   다른 아이들보다 건우… 건우 찾은 날, 바지선에서 항까지 오는데, 저만 그렇게 느꼈는지 모르지만 다른 아이들 오는 시간보다 더 오래 걸렸어요. 왜 그랬는지 모르겠는데 하여튼 더 많이 기다렸어요. 저희가 아이 [기다리는] 대기실이 있어요, 오면은 기다리는 대기실이. 거기 가가지고 몇 시간 기다렸는지 모르겠는데,

한참 기다렸던 것 같아요.

면담자   아버님 연락을 미리 받으셨던 거예요?

건우 엄마   아뇨. 아빠가 핸드폰을 안 갖고 가가지고 몰랐는데 같이 가셨던 분이 전화를 해주서 가지고, 첫 번째 온 아이가 건우라는 거를 알았어요. 그 삼촌이 그걸 이야기해 주셨거든요, 알고. [인상착의] 쓴 거 나오거든요. 근데 또 잘못 적혀왔더라고요. 건우는 초록색 후드티를 입었는데 거긴 남색 후드티라고 써 있고, 이놈의 새끼들이 끝까지, 아주 끝까지 뭐 하나 제대로 해낸 게 없어요. 그 얘기를 들었는데도 안 믿어지는 거예요. 건우가 아닐 거라고, 건우는 살아 있는데 그럴 리가 없다고. 찾아서 안도감도 있고, 또 아닐 거라는 생각도 있고, 그 마음이 이상한 마음이더라고. 기다리는 시간이, 학교에서 진도 내려갔을 때 그 시간만큼 되는 것처럼 길고 또 길고….

아빠가 왔는데 건우 맞다고 아빠가 봤다고, 건우가 올라와서 아빠 쪽으로 얼굴을 돌렸대요. 확인 안 해도 건우라고… 아빠 이야기 듣고……. 못 보게 하더라고 건우를, 건우 아빠가 보지 말라고, [건우가] 깨끗하게 왔대요. "얼굴이 하얗고 어디 상한 데 한군데도 없이 깨끗하게 왔는데 너 보지 말라"고, "건우 예쁜 모습만 기억해야지. 엄마가 나쁜 모습 보면 안 된다"고, 못 보게 해가지고 못 봤어요. 기다리는데 건우 아빠 혼자 들어가더라고요, 저 못 들어오게 하고…. 깨끗하다고 건우… 걱정하지 말라고. 건우 얼굴 보지도 못 하고 만져주지도 못 하고…. 겁도 났어요. 엄마인데도 겁이 나더라고…. 선뜻 못 들어가겠더라고.

　"아빠가 확인하시고 DNA 검사해야 된다"고, "그다음 날까지 기다려야 된다"고. "오전 10시인가, 11시까지는 있어야 결과가 나온다"고 해서, 그날 밤에 성현이네 같이 나왔잖아요. 밤새도록 언니랑 거기 아저씨랑 다행이라고, 그래도 같이 나와줘서 다행이라고. 둘 중의 하나라도 안 나왔으면은 어떡할 뻔했냐고, 5반 다 나와서 정말 다행이라고 서로 위로하고 밤새 이야기하고. 자라고, "아침에 갈라면 힘드니까 자라"고. 자는 둥 마는 둥 했는데 9시인가, 일찍 결과가 나왔다고, 애들 데리고 갈 수 있다고 [하더라고요]. 근데 건우 오는 날, 건우는 핸드폰을 갖고 나왔대요. 그러면은 핸드폰을 바로 줬어야 되잖아요. 핸드폰도 바로 안 줬어. 그다음 날 애기 받는 날 주더라고. 그것도 이상하고… 가입관 그거 한다고 기다리는데, 차에 건우가 실려 있는데 믿어지지가 않는 거예요(울음). 우리 건우라고 스님들이 기도하고 목사님 기도하고 그러는데 믿어지지가 않는…. "헬리콥터 타고 갈 거냐?" 해서 "아니, 우리 그냥 차 타고 갈 거다"라고 했더니 리무진 해준다고. 건우하고 성현이 앞세우고, 우린 뒤에서 택시 타고 따라갔어요. 그렇게 안산 왔어요. 건우 앞세워 가지고 안산 왔어요. 그날은 건우 데리고 왔다고… 바보같이 왜 이렇게 좋은지. 건우 데리고 왔다고 안심이 됐는지 왜 이렇게 졸려요? 미친년처럼, 엄마가 돼가지고. 안산 오는 내내 졸려가지고 내가 속으로 '미친년이다. 엄마가 돼가지고 이 와중에 잠이 오냐?'.

건우 엄마 김미나

건우 장례 치르고… 그거[화장] 하는데도 건우 아빠가 못 보게 하더라고요. 마지막에 건우 가루, 건우 몸, 항아리에 넣는 거 보여주는데, 그 항아리를 안는데 정말 따뜻하더라고요. '건우가, 진짜 우리 아들이 왔구나' 그게 느껴지게 정말 따뜻했어요, 그 항아리. 그거 안고, 지금 건우 집에 가서 잘 데려다 놓고 오는데, 근데 아직도 못 믿겠어요. 가기는 갔는데, 건우 집이라 가서 보기는 하는데, 왜 이렇게 안 믿어지는지, 그게 아닌 것 같은데. 저는 건우를 못 봤어요, 마지막 모습을. 건우 아빠가 절대 보면 안 된다고 안 보여줘 가지고. 아빠는 바지선부터 다 봤는데 저는 못 봤어요. 예쁘게 생각하고 예쁜 모습만, 저는 건우 예쁜 것만 생각해요, 지금도. 근데 건우 집에 가서 봐도 그것도 아닌 것 같고… 왜 이렇게 안 믿어지는지 모르겠어. 그때 안 봐서 그런가? 안산에 그렇게 데리고 왔어, 건우가 우리 데리고 안산에 왔어요. "고맙다"고 그랬어요, 오면서.

10
둘째 아이 근황

〈비공개〉

면담자   5인방 아버님들이 ○○도 챙겨주시고 그렇게 하셨
어요?

건우 엄마   그렇죠. 챙겨줄라고 하는데 애들이 거부해요, 준우

89
•
2회차

네 동생도 그렇고. 처음에는 애들이 다 저희를 거부했어요. 부모 말고는 이거에 관련된 그 누구도 접근하는 거 싫어하고. 지금도 그러는데, 그래도 5인방 엄마, 아빠들이랑은 이제 말도 좀 하고 인사도 하고 잘해요. 처음에는 만나는 것도 싫어하고 우리 집에 오는 것도 싫어하고, 되게 많이 싫어했어요, 싫대요. (면담자 : 어떤 점이요?) 자기가 세월호에 관련되어 있다는 게 노출되는 것도 싫고, 그 얘기는 안 했으면 좋겠다고.

면담자   상담을 했다고 하셨는데 어디서 하셨어요?

건우 엄마   학교, 단원고등학교 다녔었잖아요, 그때 잠깐. 단원고등학교 다닐 동안은 상담을 했어요, 그 선생님하고. 단원고등학교에서 전학을 하면서 그게 끊겼죠. 선생님은 서울에서 오시는 자원봉사자분이셨으니까 계속 오실 수 없고, 서울로 오라고 그러는데 서울까지 갈 수 있는 시간이 안 되잖아요, 학생인데. 자연히 끊겼는데, 얘는 삼촌하고 얘기를 많이 했어요. 진도 오며 가며 삼촌하고 [이야기]해서 삼촌한테 의지를 많이 한 것 같아요. 삼촌이 잘 다독거려 가지고 덕분에 지가 뭘 하겠다는 것도 찾았고 목표도 생겨가지고 괜찮은 것 같아요. 겉에서 보기에는 괜찮아요.

면담자   미술을?

건우 엄마   네. 디자인한다고, 공부는 꽝인데.

면담자   좋아하는 거 하면 되죠.

건우 엄마 　엉아 도움으로 학교 가기 싫대요. 동생들한테는 장학금이 나오거든요. 그것도 싫대요, "엉아 도움으로 가기는 싫다"고. 모르겠어요, 그거 받는 것조차도 싫은가 봐요. 엉아 몫으로 자기가 받아야 되는 게 너무 싫은 것 같아요. 우리도 그랬거든요. 처음에 팽목에 갔을 때 "옷을 준다, 뭘 준다" 그러면 내 아이 팔아가지고 받는 것 같고… 그래서 안 받았거든요, 받기 싫고 가기 싫고. 나중에는 팽목에서 천막, 바람 때문에 저기 한다고, 집 그거 해준다고 그랬을 때도 "못 간다, 안 간다"고, "편안하게 있으면 안 된다"고, "언제까지 놔둘라고 그런 편안한 집을 만들어주냐"고 거부했었거든요. 진짜 오래 걸렸네요. 그 집을 만들어줄 때 벌써 알아봤어, 이 사람들이 얼마나 오래 갈 건지.

면담자 　○○가 내려올 때 걱정하지 않으셨어요?

건우 엄마 　진도 내려올 때요? (면담자 : 네) 걱정 안 됐어요. ○○한테까지 신경 못 썼어요, 진짜로. 걔는 진짜 방치해 놨던 거 같애, 한동안. 얼마 전까지 방치해 놓았었죠. 우리[가] 정신 차려서 챙길라고 그랬더니 챙기지 말라네요(웃음). 알아서 한다고, "엄마는 나가서 해" [하더라고요].

면담자 　나가서 하는 건 싫어하지 않았어요?

건우 엄마 　싫어하지는 않는데, 아빠 감기 걸리고 그러면은 살뜰하게 챙기더라고. 옛날엔 안 그랬는데 되게 살뜰하게 챙기더라고. 지 하나밖에 없다는 생각이 들어서 그런 건지 조금 바뀌었어

요, 걔가. 엉아 얘기는 안 해요. 〈비공개〉

면담자   오늘 이야기하는 과정에서 빠진 거나 꼭 했어야 하
는 이야기가 있으세요?

건우 엄마   무슨 얘기했는지 전혀 기억이 안 나요. 또 무슨 얘기
했죠?

면담자   오늘은 여기까지 할게요. 어려운 이야기 말씀해 주
셔서 감사드려요.

3회차

2015년 11월 17일

1
시작 인사말

면담자   본 구술증언은 4·16 사건에 대한 참여자들의 경험과 기억을 기록으로 남김으로써 이후 진상 규명 및 역사 기술에 기여하고자 합니다. 지금부터 김미나 씨의 구술증언을 시작하겠습니다. 오늘은 2015년 11월 17일이며, 장소는 안산시 글로벌 다문화센터입니다. 면담자와 촬영자는 김향수입니다.

2
팽목에서 잠수사, 정치인… 집회 경험

면담자   잘 지내셨어요? 2차 구술 끝나고 좀 아쉬워하셨는데, 뭐가 아쉬우셨어요?

건우 엄마   그러니까요. 저번에는 처음 하는 거라 그랬던 것 같아요. 제가 자세하게 가르쳐드릴게요. 적어왔으니까 읽어드릴게요. 팽목에서 있었던 일이 아쉬워서 다 적었어요. 팽목에서 있었던 일 중에 이야기 못한 게, 잠수사분들한테 음식을, 아침마다 피자나 햄버거 그런 것을 드린다고 그랬거든요. 잠수사분들이 항상 배고프시고, 일하시는데 힘드시잖아요. 저희는 최우선이 잠수사분들 몸조심하시는 거랑, 그 전에 사고가 난 적이 있었어요, 잠수사분 중 한 분이. 경찰, 애기 경찰이죠, 처음 투입돼서 사고가 한 번 났

95
3회차

잖아요. 민간잠수사분도 사고가 나서 "안전이 최우선이다. 우리 애들도 애들이지만 다쳐선 안 된다", 그분들이 필요하다는 건 다 해드릴라고 [했어요]. 안 되잖아요. 밥을 못 먹는다는 얘기가 계속 전해져 왔었어요, 춥고 먹을 게 없다고. 저희가 먹을 게 있으면 싸드리고 했는데, 아침마다 바지선에 피자하고 햄버거 그런 것을 아침마다 실어서 보냈어요. 지금 또 그 얘기가 나왔는데, "못 드셨다"고 그러더라구요. 현재 여기 와서 알아보니까, 그걸 하나도 못 드셨다는 말이 있더라구요. 저희는 아침마다 실어 보내는 걸로 알고 있었거든요, 실어 보낸다고. 적십자에서 자원봉사 하는 애들도 아침마다 하고 그랬어요. 그것도 있었구요.

면담자　　　근데 왜 못 드신 걸까요? 여기 와서 잠수사분께 확인해 보면서 알게 되신 거예요?

건우 엄마　　　지금 확인해 보니까, 가족협의회 분들하고 잠수사분들하고 이야기도 하시고, 일 때문에 만나시잖아요, "받은 적이 없다"고, "얼마 못 받았다"고 그렇게 이야기를 하셨다고 하시더라구요.

면담자　　　팽목에 계실 때 가족협의회나 실종자 가족, 적십자 분들이 음식과 필요한 물건을 계속 보냈는데, 정작 제대로 전달이 안 됐다는 거네요.

건우 엄마　　　네, 저희는 아침마다 넣는 걸로 알고 있었거든요. 제가 아는 자원봉사자 아이도 그거 때문에 아침마다 가서 도와주고 했었거든요. 근데 다 어디로 갔는지 아이러니하죠. 저희가 팽목에서 그런 일도 했었구요. 처음에 팽목에 내려갔을 때 우리 유가족보다는 그 이상하신 분들, 덩치 좀 있으시고 사복경찰 같은 분들이 저희가 서너 명씩 모이면 항상 옆에 와서 쳐다보고 있었어요. '뭐하나, 무슨 소리 하나?' 듣는 거 같은 거 있잖아요. 쓱 지나가면서 보시고. 처음에는 그런 일도 있었고, 그다음에⋯ 크레인, 저희가 인양 이야기하지 않았는데 바다에 크레인이 떠 있었던 적도 있었어요. 저희가 항의하니까 크레인이 없어졌더라구요.

면담자   그게 언제쯤?

건우 엄마   날짜가⋯ 저희가 날짜 개념이 없었어 가지고⋯, 아이들 거의 많이 올라가고 [나서], 그런 얘기들이 있었어요. 배 선체가, 안에가 무너지고 있으니까 힘들 거란 이야기가 많이 돌았어요, 거의 막바지였겠죠? 저희 애 나오기 전이니까, 한 달 조금 안 됐을 때부터 크레인이 잠깐 바다에 서 있었어요. 저희가 보이는 데에 [가서] "이거 뭐냐? 우리 인양할 생각 없는데, 아이들 구조해야 되는데 저게 왜 와 있냐?" 항의하니까 슬쩍 사라지더라구요. (면담자 : 크레인인지는 어떻게 아셨어요?) 생긴 게, 아빠들이 가르쳐주니까 알죠. (면담자 : 모양이) 네. 배 모양이 이렇게 돼가지고, 하여튼 좀 특이하게 생긴 [배가 있어서] "저게 뭐야?" 그러니까 크레인이라 그러더라구요. "저게 왜 와 있어?" 그랬더니 "저게 아직 올 때가 아닌데" [하더라고요]. 회의 때 항의를 했는지 아닌지는 정확하게 모르겠어요. 그러고 나서는 없어졌어요, 슬그머니 왔다가 사라지고.

국회의원들, 진짜 나쁜 사람들이 팽목항 첫날 비 오는 날에는 몇몇 국회의원들이 와서 팽목 안에까지도 안 들어오고 입구에서 사진 찍고 그냥 갔구요. 저희가 한 달 있는 동안에 또 한 국회의원은 새벽에 와가지고, 팽목 안에 천막에 저희가 써놨거든요, "가족 외 출입금지"라고, 들어오지 말라고. 근데 보좌관인지 뭔지가 들어와 가지고 국회의원님 오신다고, 저희 새벽에 자는데. "들어오신다. 지금 오신다"고 그러더라구요. 오지 말라고, 들어오지 말게 하라고 그랬는데 기어이 들어와서 악수하고 가더라구요.

면담자   누군데요?

건우 엄마   얘기해도 돼요?

면담자   궁금해 가지고요(웃음).

건우 엄마   김한길이요(웃음). 사진 찍고 간 애는 안철수고(웃음). 하여튼 그럼 사람들이 못 써요, 그러면. 대통령은 팽목에 온다고 그러고는 팽목으로 안 오고 바지선으로 쓱 가버렸고, 기다렸는데. 팽목으로는 안 오고 바로 바지선으로 가버렸더라구요.

면담자   대통령 오는 날, 팽목 분위기를 설명해 주세요.

건우 엄마   대통령 오시는 날, "우리 대통령한테 뭔가 이야기해야 한다. 어떻게 해야 하나, 이야기하자" 그러고 기다리고 있었어요. 정말 이상한 게 그날은 핸드폰이 아무것도 안 되는 거예요. 핸드폰이 먹통이 되었다고 하나요? 진짠지 가짠지 모르겠지만, 오신다는 그 시간 동안은 인터넷 그 자체가 안 됐어요.

면담자 　　 인터넷도 안 되고 통화도 안 되고요?

건우 엄마 　　 네네, 통화는 되는데 인터넷은 안 되더라구요. 연결을 할 수 있는, 외부로 나갈 수 있는 게 안 되는 거예요. 저희는 대통령을 기다리고 있는데, 벌써 바지선으로 왔다 갔다 하더라구요. 허망한 거죠, 기다리고 있는데. 아무것도 할 수 있는 게 없더라구요. 그냥 왔다 갔다고 그 소리만 들었어요.

면담자 　　 왔었으면 어떤 이야기하고 싶으셨어요?

건우 엄마 　　 왔었으면… 거기 남아 있는 아이들 유실되지 않게, 우리한테 돌려보내 달라고, 그때는 그게 절실했거든요. 이미 머릿속으론 아이가 없는 거 아니까, '그 아이라도 잃어버리지 않게, 저희한테 돌아올 수 있게 해달라'고 그 말 하고 싶었어요. 다른 것도 아니고, '책임져 달라는 말을 해달라는 것도 아니고, 우리 아이만 내 곁으로 오게 해달라'고 그 말 하고 싶었는데, 그것조차도 기회를 안 주신 거죠. 대통령한테 당장 들어가서 구해달라는 것도 아니고, 이미 잘못된 거 아는데…. 조금만 더 잠수사분들 다독거려 가지고…. 그때 막 못 들어가고 그런다 했어요, "힘들어서 못 들어간다" 그러고, "바닷물 세다" 그러고. 알지만 어떻게 해요. 애기는 데리고 와야 되잖아요. 그것만 부탁하려고 했어요, 그것만. 근데 안 들어주셨네요(웃음). 그랬어요.

　　또 뭐 있었더라? 어떤 분이 묻더라구요, "정부에서 지원받은 게 뭐가 있냐"고. 제가 알기로는 천막? 나머지는 자원봉사자분들, 적십자 그런 쪽에서 음식이고 뭐고 그쪽에서 왔지 정부에서 저희에게 해준 것은 없었던 것 같아요. 재난이 발생되었을 때 어떻게 정부는 그렇게 손을 놓고 있을 수 있는지, 그것도 이해가 안 돼요. 그쪽에서는 저희가 원하지 않으면 아무것도 해주지 않더라구요. 하다못해 그 이야기는 했어요. 우리나라에 재난 구조 컨트롤 타워는 없어도 재난이 발생한 다음에 유가족들을 어떻게 해결해야 하는지 컨트롤하는 그 매뉴얼은 있을 거라고, 그런 이야기도 했어요.

면담자   유가족을 컨트롤한다는 게 어떤 의미인지요?

건우 엄마   '어떻게 지치게 해가지고 빨리 떨어질까?'(웃음) 그 매뉴얼은 있을 거라고 했어. '이 사람들 어떻게 진이 빠지게 할까?' 도와주려는 의지는 손톱만큼도 안 보였어요. 가족들을 조금이라도 보듬어줄 자세가 안 되어 있었다고 할까? 제가 느끼기에는.

면담자   어머니가 그렇게 느끼셨던 일화가 있으신지요?

건우 엄마   정부 측이라고 하는 사람들 중에 누구 하나 와가지고 시원하게 대답해 주는 사람도 없었고, 진행이 어떻게 되고 있다고 이야기해 주는 사람도 없었고. 물론 브리핑을 하고는 있지만 그 사람들도 권한이 있는 사람이 아니잖아요. 최소한 대통령이 아니면 그 밑에 있는 사람이라도 와가지고, 이게 보통 사안은 아니잖아요. 한 번쯤은 와가지고 '지금 상황이 이러이러하다. 자기가 최선을 다 하겠다', 그 정도 말은 해야 하는 거 아니에요. 대통령이 와가지고 체육관에서 그 한마디 하고 나서는… 방송? 방송으로도 사과했죠, 그 악어의 눈물. 저 그때 같이 울었어요, 정말 그렇게 해주는 줄 알고. '아, 이제 해주겠구나' 하고 같이 울었는데, 속았죠(웃음). 그런 거 보고 씁쓸하죠. 그런 걸 다시 한번 생각하면 '정말 우리는 보호받지 못했구나', '어떻게 이렇게 방치할 수 있었을까?' [하는] 생각이 들어. 왜 그랬을까….

면담자   보호받고 싶다고 하셨는데, 어떤 것들이 좀 더 들어가야 한다고 생각하세요?

건우 엄마   보호받고 싶은 게 다른 게 없어요. 물품 그런 게 아니고 사람이 말 한마디라는 게 있잖아요. 와서 모아놓고 무슨 상황인지 그런 브리핑 말고 인간적으로 와가지고, 그게 너무 큰 바람인지 모르겠는데, 사람이 말 한마디로 천 냥 빚을 갚잖아요. '지금 상황이 얼마나 힘드시냐'고 다독일 수 있지 않나 싶었어요. 방치해 놓지 말고, 감시만 할라 하지 말고. 조금만 [더] 권위 있는, 조금만 [더] 힘이 있는 사람이 내려와 가지고 그 사람들에게 지시하는 모습도 보여주고 그랬으면 좋았을 텐데. 해수부 장관이 제일 높은 사람이었나? 그게 너무너무 안타까웠어요. 조금만 더 권력 있는 사람이 와가지고, 꼭 대통령이 안 와도 되잖아요. 국무총리가 오셔서 하면 안 되는 건가요? 우리가 꼭 대통령 보려고 하는 거 아니잖아요. 그 사람이 와가지고 유가족들에게 진실성 있게 '지금 너무 힘든 상황이다', 바다 센 거 다 아니까… 이야기해 주시고, '미안하다. 조금만 기다려달라'고 그런 이야기 한마디만 했어도 그렇게 화가 나거나 하지 않았을 건데….

아무도 그렇게 이야기해 준 사람은 없고, 그 밑에 있는 사람이 브리핑한답시고 잠수사들하고 싸움이나 하고, 브리핑하면 "최선을 다하고 있다"는 이야기만 하고, "거기 무너지고 있어서 못 들어간다"고 하고. 답답하기만 한 거죠, 저희는. 앞으로 어떻게 할 건지 그런 거 정도는 이야기를 해줬어야 하는데, 어떻게 할 거라는 이야기는 한 번도 안 해줬어요. 유가족들이 "그거는 어떻게 하실 거예요?" 그러면 "그건 그때 가서 다시 검토해 보겠습니다" 항상 그런 식이었어요. 너무 답답한 거죠. 누군가 시원하게 이야기해 줄 사람이 필요한데 그 사람들이 그렇게 이야기해 줄 수 있는 만큼의 역량이 안 됐을 거 아니에요. 우리를 조금만 더 보듬어줬으면 좋았을 것 같은데….

지금 현재도 그렇잖아요. 저희가 광화문 가고 그런 게 청와대 쫓아가 가지고 대통령 멱살을 잡겠다는 건 아니잖아요, 가서 얘기를 한번 하겠다는 거고. 그때 대통령이 말씀하시기를 분명히 와서 이야기하면 들어준다고 하셨는데, 그 말조차도 안 들어주신다는 게 화가 나는 거지. 저희가 설마 폭탄을 들고 가겠어요? 우리가 IS도 아니고…. 왜 그렇게 무서워하시는지 정말 이해가 안 돼요. 진짜 이해가 안 가죠(웃음). 이번에도 광화문 갔다 왔는데 저희가 또 고립이 되더라구요. 정말 아무것도 안 했거든요. 행진하고 세월호 광장 거기 들어가려는데, 너무 웃기는 게 대학로에서 행진해 가지

건우 엄마 김미나

고 집회가 끝났어요. 더 이상 광화문으로 갈 수 없다고 "가실 분은 가고 마실 분은 마시라"고 하더라구요. 저희 가족은 광화문에 가족들이 있으니까 글로 가야 하잖아요. 전철을 타러 갔어요. 전철을 딱 탔더니 광화문 무정차래요, 휙 지나가더라구요. 그래서 서대문에서 타서 다시 반대편에서, 광화문에서 내리려고. 저희가 탔을 때 광화문이 반대편에는 문이 열렸었거든요. 탔더니 또 거기도 무정차로 지나가더라구요.

무슨 고기 새끼가 된 것처럼 전철 타고 왔다 갔다 하다가 경복궁으로 갔더니, 경복궁역에서 내렸더니, 올라가는 길을 경찰들이 와서 방패로 착 막고 서 있더라구요, 못 올라가게. 거기서 1시간 넘게 앉아 있다 왔는데… 그러더라구요, 옷을 벗고 나가면 내보내 주겠대요. 노란 옷들을 입고 다니잖아요. 몇몇 분들은 옷을 벗고 나갔고, 저희 엄마들… 이쪽으론 절대 안 된대요. 한쪽 막아놓은 쪽으로는 절대 내보낼 수 없대요. 저쪽 반대쪽으로는 나가도 된대요. 서너 명씩 옷 벗고. 부모님들이 옷 벗으신 분들도 있고 안 벗으신 분들도 있어요. 근데 노란 옷만 입고 온 사람은 어떻게 하냐고. 안 그래도 저희 아버님 한 분이 겉에도 노란색, 속에도 노란색 [옷을 입고 오셨어요]. "난 다 벗으면 팬티밖에 없다"고(웃음) 못 벗고 가시는데, 엄마 세 명까지는 옷을 벗고 나왔기 때문에 내보내줬어요. 다음에 노란 옷 입은 사람이 있으니까 거기서 또 막았어요. 나가라 그래 놓고서도 거기서 또 막았어요.

면담자   나와서 전철역 위에서 또 막혔던 거예요?

건우 엄마   네, 전철 에스컬레이터 올라오는 데서 또 막혔던 거예요. 이쪽 통로 막혔는데, 이쪽으로 가라고 그래서 이쪽으로 갔는데 또 막는 거예요, 노란 옷 입었다고. 노란 옷 입는 게 무슨 죄인 도 아니고, 우리나라에서 옷 색깔도 제대로 못 찾아 입냐고. 자기 네들은 왜 형광색으로 똑같이 입었는데?(웃음). 그래서 또 막혔었 다니까요, 거기서. 하여튼 이상한 나라예요. 저희는 아무것도 안 했거든요, 행진하고. 저희는 세월호 광장으로 가야 하거든요. 거기 아이들도 있고, 부모님들도 계시고, 하물며 집에 올 수 있는 차가 거기 있는데. 아무리 소리를 질러도 꿈쩍도 안 하고, "책임자 나오 라" 그래도 아무도 대답도 안 하고, 말도 안 하고 듣지도 않고 또 그랬어요.

면담자   그날 언제쯤 다시 나오게 되신 건지요?

건우 엄마   저희 엄마들은… 아빠들은 갇혔구요, 엄마 셋 나왔 잖아요. 저희가 30분 정도는 떠들었을 거예요. 지나가시는 시민분 들한테 "항의 좀 해달라"고, "저희 유가족 감금당해 있다"고. 저희 만 감금한 게 아니고 일반 시민들도 못 나가게 같이 막아놓은 거예 요. 저희가 시민들은 내보내 달라고, 우리랑 상관없는 사람들이라 고 [해도] 그 말도 다 무시하고 다 막아놓는 거예요. 일반 시민하고 저희하고 감금되어 있으니까, [시민분들께] 항의 [좀] 하고 가시라고 [부탁드렸는데]. 몇몇 분 없으시더라구요. 어떤 아이는 재미있어서 보고 간다는 식으로 이야기하고, 다들 그냥 지나치시더라구요. 그렇게 한 30분 동안 엄마들 셋이서 떠들다가[떠들고 있는데] 아빠가 전화하시더라구요, 광화문광장에 먼저 가 있으라고, 전철 타고 가시든지 어떻게 해서 가실 테니…. 저희 세 명은 쫄래쫄래 광화문으로 나왔죠. 그 사람들도 알아요, 저희가 유가족인 것. 물론 옷은 벗었지만 뻔히 알거든요. 거기 지나오는 데는 안 잡더라구요, 엄마 셋 정도는 별거 아니라고. 조금조금 지나가는 거는 그 사람들도 봐줘요. 저희는 광화문광장으로 오고 15분, 20분 정도 있으니까 [갇혔던 아버님도 오시더라고요]. 정보과 직원한테 전화했대요, 가족분들이. "와서 우리 데려가라"고 해서 정보과 직원이 호위해서 왔어요.

면담자   호위해서? 광화문 쪽으로 오신 거예요?

건우 엄마   광화문으로 모시고 왔어요. 경복궁에 갇혀 있던 부모님들을 정보과 과장이 데리고 왔어요. 꼭 이렇게까지 해야 되냐고, 왜 그래? 우리가 뭘 잘못했다고…. 또 씁쓸했어요, 이번에도. 우리는 아무 짓도 안 했는데, 우리가 큰 저기가 아닌데. 그리고 이번 거는 저희가 주도한 것도 아니고 민노총하고 그쪽에서 한 거잖아요. 댓글에도 또 저렇게 달렸대요. 어르신 다치셨잖아요. 거기 댓글에 누가 그렇게 달았대요. 어르신 가족들이 [한 것처럼 해서] "세월호 유가족 델고 오라"고, "세월호 유가족 때문에 다쳤다"고 댓글을 달아놨대요.

면담자   그런 일은 안 하셨잖아요. 근데 왜?

건우 엄마   그러니까요. 우리 집회 아니었는데, 우리는 갇혀서

가두리마냥 물고기마냥 이리 끌려갔다 저리 끌려갔다 그러고 있었는데. 그것도 일베가 그랬겠죠. 그게 저희하고 국민들하고 갈라놓을려고, 이간질시킬라고 그런 거죠.

면담자   그런 댓글을 어떻게 아시게 된 건지요.

건우 엄마   처음엔 기사가 나오면 댓글을 다 읽었어요. 부모님이 다 그러시더라구요, 그 댓글 읽지 말라고, 일베들이 하는 거라구. 처음엔 별별 댓글이 다 있었잖아요. 저희 "시체 장사"라는 이야기도 있었고, "새끼들 팔아먹고 잘살라"고, 그런 별별 소리가 있었는데, 그거 보고 상처받는 부모님들이 진짜 많았어요. 사람들이 돈받고 쓴 거라는 걸 아는 데도 상처가 돼요. 보지 말라고 그러더라구요. 근데 아직도 보고 계신 부모님들이 계시더라구요. 그거 보고 "야, 댓글에 또 이렇게 달렸다". 지금은 많이 강해졌다고 그래야 하나? 그런 댓글을 보면 "야, 또 달았어. 얘는 얼마짜리일까?" 그런 식으로 이야기를 해요. 서로 이야기하고 "여기 이게 달렸어" 그렇게들 해요.

면담자   정말 생각지도, 상상조차 어려운 표현도 많았잖아요.

건우 엄마   저는 우리 아이를 '오뎅'으로 표현했다는 거를 처음에는 그게 무슨 뜻인지도 몰랐어요. 나중에 가르쳐줘서 알았다니까. "왜 오뎅이 나쁜 거야?" 그랬더니, 나쁜 거라 그러더라구요.

면담자   그런 이야기 들었을 때 기분이라든가, 이렇게 해야

건우 엄마 김미나

하는 거 아닌가 하는 생각이 드셨던 게 있으세요?

건우 엄마　(한숨) '미친놈들', 이 생각밖에 안 들어요, 솔직하게 제 심정으로 이야기하면. '니들도 똑같이 당해봐라' 그렇게 말을 하고 싶은데, 차마 새끼 잃는 아픔은 안 당했으면 좋겠어서 말은 안 하는데…, 속으로 그랬어요, 속으로. '너도 당해봐야지 니가 새끼 잃은 게 어떤 건지 알지', 그렇게 욕을 해주고 싶어요. '너도 똑같이 당해봐라'. 저희가 제일 잘하는 욕이 "선장, 그 새끼는 304번, 304번 물 속에 넣었다 뺐다 죽여야 한다"고, "저렇게 편안하게 감옥에 놔두고 죽이면 안 된다"고. 제일 나쁜 욕이 그거죠. 물속에 넣다 뺐다 304번, 우리 애들만큼(한숨). 저희도 그랬으니까 한편으로는 그게 이해가 되더라구요, 사람들이 무관심한 게. '나도 이런 일을 안 당했으면 똑같지 않았을까?' 할 때가 많아요. 부모님들끼리도 그런 이야기 할 때가 많아요. "우리도 이런 일 안 당했으면 이렇게 안 하고 있겠지?", "근데 왜 우리가 이러고 있어야 되지?"(웃음)

3
엄마공방

면담자　건우 올라왔을 때, 장례 치르고 나서는 어떻게 지내셨는지요?

건우 엄마　6월 달, 5월 15일 날 왔잖아요. 제가 6월 1일부턴가 회사에 다시 출근했어요. 회사에서 저를 오랫동안 기다려주서 가지고 도저히 못 나가겠다는 소리를 못 하겠더라구요. 건우 아빠도 나가고 저도 나가고. 건우 삼우제 지내고….

회사에 똑같이 일반적으로 다닐라고 출근하는데, 정말 마음이 붕 떠가지고요. 밴드 같은 거 보면 "오늘 어디 간다", "국회 가야 한다". 저희는 주말이나 회사 끝나면은, 회사 끝나서 가서 잠깐 있다 오고[오거나], 주말에 국회에 가서 자고 오고[오거나] 그랬는데, 정말 생활이 안 되더라구요.

회사에서 제일 힘든 게 뭐였냐면은… 눈치가 보여요. 내 얘기를 누군가가 해야 되는데, 사람들이 얼마나 궁금하겠어요. 제 눈치를 보는 것 같아요, 진짜 그런지는 모르겠는데. 제 생각만 그랬는지 모르겠는데, 그분들이 얘기를 제대로 못 하는 것 같고, 나 때문에. 저도 거기 앉아서 일하고 싶지 않고. 욕도 하고 싶고 울컥울컥한데, 그분들 눈치 보느라고 숨어 있고. 너무 그게 싫어서, 한두 달을, 추석 때까지 일을 했거든요. 진짜 못 하겠더라구요. 회사생활은 못 하겠다는 생각이 들더라구요. 그 사람들한테 미안해서 못 하겠고, 내가 주눅이 들어 못 하겠고, 그 사람들도 나 때문에 일에 방해가 될 것 같아서 피해줘야 할 것 같다는 생각이 들더라구요.

회사 그만두고 그다음에는 분향소 조금 나가다가 공방 일을 시작했어요. 저희가 초창기 멤버인데, 공방에 나간 엄마들은 국회나 그런 데 강하게 못 하는 엄마들이 일부 있어요, 마음이 약해 가지고. 뭔가 해주고 싶은데 할 수 있는 게 아무것도 없으니까 "브로치라도 나눠주자" 그래서 공방 나가기 시작해서, 꽤 오래 했죠. 올 4월 달까지 했으니까. 행사 때마다 브로치 만들어 나눠주고 했으니까, 정신없이 보냈어요.

면담자 　공방에 나가신 계기가 있었어요?

건우 엄마 　저도 막 쫓아가서 하고 그런 거를… 잘 못하겠더라구요.

면담자 　그런데도 주말마다 국회 갔다고 하셨잖아요. 힘들지 않으셨어요?

건우 엄마 　그때는 안 힘들었어요. 당연히 가야 한다 생각했고, 맨날 맨날 주무시는 분들이 계셨는데 못 가드리는 게 죄송해 가지고, 잠깐잠깐 가보고 그러니까 했는데. 회사를 때려치우고 나니까 딱히 갈 데가 없더라구요(웃음). 그때쯤 되니까 집회도 없고 흐지부지되더라구요. 몇 번 쫓아가다가 내가 할 수 있는 게 뭘까 봤더니, 공방에서 엄마들 일손이 부족하더라구요. 그때 [활동은] 간담회 위주가 많았어요, 말 좀 잘하시는 분들(웃음), 그런 분들이 간담회 위주로. 적극적인 분들이 간담회 다니시면 그분들이 갈 때 뭐라도 조금 만들어, 계신[간담회 오신] 분들 드릴 수 있게 하자. 그거[간담회 활동] 못 하는 엄마들 모여가지고 공방에서 그거 하자 해서 시작한 거예요.

면담자 　공방에서 주로 어떤 걸 만드셨어요?

건우 엄마   저희가 주로 만들었던 게 브로치였어요. 브로치 만들었고, 노란 리본 만들었고. 처음에는 노란 리본 만들어서 나눠주기 시작했고, 그거보다 조금 더 세련된 거, 일반 시민들이 노란 리본 달고 다니는 걸 꺼려할 수 있잖아요, '조금 더 편안하게 달고 다닐 수 있는 게 없을까' 싶어서 브로치 만들어서, 고거 열심히 만들었죠. 몇천 개를 수놓아서 만들었죠. 저희 공방에 있던 엄마들 허리 다 나갔어요(웃음). 지금 다 고생들 하고 있어요.

면담자   허리가 아플 정도로 하신 거예요?

건우 엄마   네. 허리 나가가지고 고생하는 엄마 있고, 한 명은 공방 안에서 그 상황에 허리가 나가가지고 아직도 고생하고 있고. (면담자 : 허리가 어쩌다가 나가신 거예요?) 그러니까 찌그리고 앉아있잖아요. 저희가 아침에 10시에 나와가지고 늦으면 8시, 9시까지 있었어요. 점심 한 번만 먹고 앉아가지고 계속 수를 놓는 거예요. 하루 종일 바느질을 했어요. 그렇게 몇 달을 했어요. 10월인가 11월, 겨울에 시작해서 올 3월까지 했어요. "애들 1주년 브로치까지만 해주자" 그러고 있었으니 허리가 안 나갔을 리가, 하루 10시간 정도를.

면담자   수를 놓는 거면 도안도 있고 해야 하잖아요.

건우 엄마   요만한 브로치라 도안 없이 다 하더라구요. 처음에는 "못해", "못해" 그러더니 공장이 되더라구요.

면담자	어머니들 하고 나서 몸이 점점 안 좋아지셨겠어요.
건우 엄마	나도 허리가 삐그덕거려요, 큰일 났어.
면담자	저도 양말목 그거 반나절 했더니 어깨가…(웃음).
건우 엄마	힘들어요, 생각보다 더 힘들어요.
면담자	허리 아프서서 병원 다니진 않으세요?

건우 엄마   병원도… 자생병원은 저희 지정 병원이라고 해야 하나요? 그쪽에서는 치료비를 그걸로[세월호 참사 피해자 지원으로] 해서 해줘요. 그거 때문에도 건우 아빠랑 한 번 싸웠어요. 건우 아빠가 거기 가서 하래요, 허리 아프고 그런 거. 가면은 물어봐 봐요, 세월호 관련 그건지[피해자 지원으로 할 건지] 일반으로 할 건지. 제가 세월호 관련으로 하기 싫다고, 티내기 싫다고 "일반으로 해주세요" 하고 돈을 다 냈잖아요. "너는 우리가 다 받아야 할 거 받는 건데, 그거를 갖고 그런다"고 되게 혼났어요. 근데 저는 자존심이 상하는 거예요. "그거 조금 안 받으면 되지?" 했더니 "이건 우리가 받아야 될 권리야. 권리를 못 받았기 때문에 우리가 이렇게 된 거야" 하니, 그 말이 맞기도 한 거 같고.

면담자   병원에서 "아픈 게 세월호 때문이냐, 다른 이유냐?" 물어보는 거예요?

건우 엄마   세월호 관련 저긴지, 그러니까 그 사고 이후로 저기가 [아프게] 된 건지, 아니면 그 전부터 아팠던 건지 그런 식으로 물어보시니까, 대답하기 싫을 때가 있어요. 이게 4월 16일 이후부터 누적이 돼서 아픈 건지…. 당장 도보 조금 했다고 삐끄덕 하고 그런 것도 사실 그거잖아요. 근데 그렇게 이야기하기 싫은 거예요. 자존심이 상하더라구. "그냥 다쳤어요" 그랬어요. 괜한 자존심 내세웠다가 혼났어요. 권리도 못 찾아 먹는다고, 그래서 나라가 이 모양이라고.

면담자   아버님은 직장 계속 다니시나요?

건우 엄마   건우 아빠도 회사 계속 다니다가요, 저 그만두고 석 달인가, 올해 그만뒀어요, 올 초에.

면담자   오래 다니셨네요.

건우 엄마   네. 그 사람도 회사를 갔다가 점심시간엔 분향소 와서 배회하다가…. 짬짬이 분향소를 왔다 갔다 했으니까 마음이 뜨는 건가, 마음이 떠요. 회사에서 일에 집중이 안 되는 거 같아요. 사고 나게 생겼어요, 일하다가. (면담자 : 어떤 일을 하셨어요?) 저희 아빠는 전기 쪽 일 했거든요. 밖에 왔다 갔다 하는 게 조금 자유로웠어요, 외근 나간답시고 분향소 있다가 가고 그랬는데…. 그리고 개인회사라 꽉 짜여진 건 아니니까. 다른 부모님들도 회사 그만두신 분들 여쭤보면은 "마음이 떠서 도저히 일을 할 수가 없다"고 그러시더라구요. 들어갔다 다시 나오시고. 우리 반에 계신 아버님도 회사생활 하시다가 그만뒀다가 또 들어갔다가 계속 그렇게 하시더라구요. "못 하겠다"고 그러시더라구요, "마음이 떴다"고. '자식새

끼 잃고 이게 뭐 하는 짓인가?' 하는 생각이 드는 분도 계신 것 같
고, 삶의 의욕을 잃어버린 거죠.

제 인생의 목표가 없어진 거죠. '건우하고 ○○하고 [결혼] 해가
지고, 며느리 둘 얻어가지고 얘네들이 얼마나 잘 살까?' 맨날 그런
생각했고, '건우 대학 가려면 돈이 필요하니 열심히 모아야지' 해가
지고 한 푼이라도 아낄라고 안 먹고 안 사주고 그랬던 건데…. 그
게 다 없어진 거죠, 의미가 없어지더라구요. 대학 등록금 [위해 들어
놓은] 적금 깨버리고, 그동안 애 걸로 해놨던 거 깨버리고, 이거 다
필요 없다고. 돈에 욕심이 안 생기더라구, 애가 없으니까. 애가 있
을 때는 악착같이 모으고 싶었고 해주고 싶었는데(한숨). 이제 안
울라 그랬는데…. 욕심이 없어졌어요. 작은놈을 위해서 해야 하는
데, 걔 거도 별로 안 하고 싶어요. '모아서 뭐해?' 그런 생각만 들
고…. 아직까지도 목표가 안 생겨요, 내가 가졌던 그게. 다시 하나
[라도] 목표가 생겨야 하는데, 안 생기니까 어떻게 살아야 하는지
모르겠어요.

4
기억에 남은 일, 도보 순례

면담자   1년 동안 기억에 강하게 남았던 일은요?

건우 엄마   글쎄요. 우리 도보했었던 일? 도보하기 싫다고 했는

데 우리 세 번이나 시켰잖아요.

면담자   아버님이랑 같이 가셨던 거예요?

건우 엄마   아니요, 이 아저씨 진짜 웃겨. 그 아저씨, 도보할 때마다 회사 다녔어요. 저 혼자 다 했어요(웃음). 그거라도 해야 한다고. 걸어가면은 앞에서 방송차가 노래를 틀어줘요. 아이들 그 노래가 몇 곡이 있어요(한숨). 처음에 들으면 왜 이렇게 눈물이 나는지.

건우 엄마   어떤 노래였는지?

건우 엄마   '천 개의 바람개비'['천개의 바람이 되어']도 있구요. 손잡고 올라오라고 그런 노래도 있고요, 제목을 모르겠어요. '잊지 않을게' 노래도 있고. 그 노래 들으면 '왜 이러고 걸어야 되나?', '꼭 이렇게 해야 하나?', '이렇게까지 해서 알려야 하나?', '왜 사람들이 몰라주나?' 아직 1년도… 그때는 몇 개월도 안 됐는데, '이렇게 금방 잊어버릴 수 있나?' 그러면서 울면서 또 걷다가. 그 노래를 한참 듣다 보면은 익숙해져서 따라 부르게 되고…. 또 우리가 뭐했지?

면담자   걸어 다닐 때, 지역마다 들르면서 만났던 사람들 중에 기억에 남는 사람이 있는지요?

건우 엄마   원체 많으서 가지고 그거는. 광화문 갈 때마다 촛불집회 끝나면 서로 안고 그러는데, 그분은 저를 아시더라구요. 저는 그분들을 못 알아봐 가지고, 지금도 솔직히 사람들을 못 알아봐요. 죄송해요, 그래서. 광화문광장에 사람들이 모이면 너무 좋아요.

'아직도 안 잊고 계신 분이 이렇게 많구나' 생각도 들고. 요즘은 주말에 가도 많지는 않으세요. 그래도 와 계시는 거 보면 '우리보다도 더 대단하시구나'는 생각도 들고, 자원봉사 하시는 분들 보면 존경하고 싶어요. 어떻게 우리보다 더 열성적으로 하실 수 있을까, 제일 감사하다니까요. 피켓 들어주시는 분들하고 광화문에서 자원봉사 해주시는 분들 보면 부모보다 더 존경스러워. 제가 못하는 부분을 그렇게 해주시는 게 너무 감사해요, 뭐라도 해드리고 싶은데 해드릴 게 없고.

면담자   도보 순례 때 종일 걷다보면 많이 힘들잖아요, 발에 물집도 잡히고.

건우 엄마   진짜 아파요. 도보해서 근족막염 생겼다니까요.

면담자   근족막염요? 그리고 나서 자생병원 가신 거예요?

건우 엄마   자생병원 가서 "그냥 걷다 그랬어요" 그러고.

면담자   병원에서는 근족막염 치료는 어떻게 해요?

건우 엄마   그거는 딱히 치료가 없대요. 그냥 놔둬야 된대요, 약도 없고. 정형외과 갔더니 거기서도 그냥 약 먹으라고 하는데, 똑같더라구요. 안 아프진 않더라구요. 아침마다 일어날 때마다 되게 아프거든요. 운동을 많이 해가지고 옆의 근육으로 쓸 수 있게 해야 된대요. 걔는 어쩔 수 없는 거라구요. 그래도 꿋꿋하게 잘 다녀요.

면담자   옆 근육을 어떻게 써야 되는데요?

건우 엄마   몰라요. 운동을 하래요, 발 운동을 하래요. 열심히 발만 까딱까딱하고 있어요. 엄마들이 알게 모르게 다 골았다니까요. 엄마들이 매일 하는 소리가 "살은 찌는데 몸은 골았어"(웃음). "근데 왜 살은 찌는 거야".

5
참사 후 둘째 아이

면담자   ○○ 이야기가 잠깐 나왔었는데, 작년에 팽목에 있을 때 힘들어한 그 이후에 다른 일은 없었어요?

건우 엄마   아직도 ○○는 엉아한테는 안 가요, 엉아 집에 안 가요. 세월호 이야기 나오면 싫어해요. 속마음을 모르겠어요. 얘기를 잘 안 해가지고 모르겠는데, 겉으로는 자기가 뭘 하겠다는 건 확실히 잡은 거 같고. 작년에는 말을 안 했거든요. 저녁때 만나도 말을 안 하고 방에 들어가서 자고 친구들하고만 이야기하고 했는데, 올해는 얼마 전부터 수다 떨기 시작했어요, 저하고 이야기도 하고. 어저께도 "엄마도 서울 갔다 왔어?" 그래요. ○○한테는 어디 간다고 정확하게 이야기는 안 하고 "엄마 서울 갔다 올게" 하고 보내요. "갔다 와" 하고 보내는데, 겁났었나 봐요. 이번에는 좀 셌잖아요. "엄마, 광화문 갔다 왔어?" 그래요. "어" 그랬더니 "엄마도 그거[시위] 했어?", "아니. 우리는 왔다 갔다만 했어"(웃음). 걱정이 되나 봐요. 모르는 척 하면서도 들을 건 다 들으니까 살짝 걱정은 됐나 봐요.

근데 지가 정한 거 같아요, 어떻게 앞으로 살 건지. 아직 형에 대한 거는, 막힌 건 안 뚫린 것 같아요. 지가 내려놨으면 형아 집에도 갈 거고, 분향소에도 갈 거고. 유가족 형제, 자매 많잖아요. 온마음에서 프로그램이 있는데, 얘는 그것도 거부해요. "절대 안 간다"고, "거기 관련된 데는 가고 싶지 않다"고. 본인이 안 가겠다는 데 억지로 하면 탈날까 봐 놔두고 있는데, 어차피 친구들하고 교우관계는 괜찮으니까. 그쪽은 싫어하는데, 듣고는 있는 거 같아요. 저희 다섯 명 아이들 이번에 EBS에서 '아들들'[EBS 지식채널e '아들들']인가? 찍은 거 있어요. 그것도 못 본 줄 알았어요, 안 본 줄 알았더니 UCC로 친구들하고, 페이스북으로 공유해 가지고 봤다고 아빠한테 슬쩍 이야기 하더래요. 그쪽 거는 말은 안 하는 거지, 알고는 다니는 거 같애.

면담자   학교를 옮겼잖아요. 옮겨달라고 따로 아버님께 아이가 이야기를 한 건가요?

건우 엄마   네. "여기 싫다고, 단원고 안 다닌다고 다른 학교로 옮겨달라"고 이야기해서 옮겼어요, 본인이 직접 이야기해서. 저희가 '다닐래, 말래' 그런 이야기는 안 했거든요. 본인이 단원고 안 다니고 싶다고 그래서 옮겼어요. 제일 속상해하는 게 그거였어요. 학교를 다니는데, 생존자 영아하고 누나들이 학교를 같이 다녔잖아요. 거기에 자기 형이 없는 게 너무 화가 났대요. "그 형아하고 누나들이 웃고 있는 게 너무 화가 나가지고 못 다니겠다"고, 싫다고. "걔네들도 정상은 아니야"라고 이야기했는데, 그래도 싫대요(웃음). 어떻게 하겠어, 저희도 봐도 화가 [나는데]…. 아는데, 걔네들 힘든 거 아는데 [그래도] 속이 상한데, 걔가 1학년짜리가 [어떻겠어요].

면담자　　　학교에서는 따로 형제, 자매들 상담 들어간다고 하는데, 옮긴 학교에서는 그런 거 없었어요?

건우 엄마　　　□□에서는 그런 게 딱히 없는 것 같아요. 아이 데려다 상담하는 건 없고, 있어도 얘가 아마 신청을 안 했을 거예요. 강제적으로 하기 전에는 안 하거든요. 상담은 없는 걸로 알고 있어요. 지금 상담받고 그런 건 하나도 없고….

면담자　　　다른 부모님들 이야기가 아이가 거부를 해도 이런 상담을 한다고, 예를 들어서 선부중학교나 이런 데들은 상담을 한다는 이야기가 있어서요.

건우 엄마　　　여기 학교에는 그런 프로그램이 있다는 소리는 못 들었어요. 굳이 싫다는데 억지로 하면은 오히려 엇나가요. 안 하는 게 나을 거 같고, 학교에서 강제적으로 하면 아이들이 어쩔 수 없이 친해질 수 있을 텐데[상담하는 것에 친숙해질 수 있을 텐데], 딱히 강제적으로 하는 건 없는 것 같으니까.

면담자　　　[세월호 참사] 이후에 현재는 가족이 셋인데, 함께 어디 외출하거나 그런 적은 있으세요?

건우 엄마   (웃음) 아직 없었어요, 아드님이 원체 바빠서서.

면담자   부모님이랑 놀아줄 나이는 아니죠.

건우 엄마   우리랑 놀아주지를 않아가지구. 자기가 갈려는 학교를 가려면 열심히 그림 그려야 한다고, "방학 때 셋이 어디 가자" 했더니 자기는 그림 그려야 해서 안 된다고 딱지 맞았잖아요. "엄마, 아빠하고 둘이 갔다 와" 그러는 거예요. 올 방학 때 엄마, 아빠 둘이만 여행 갔다 오라고 그러드라구요, 자기는 집 지킬 테니까.

면담자   고3 이니까.

건우 엄마   본인은 자기 입으로 고3이라고 하면서 공부는 하나도 안 하고 있어요, 미치겠어요(웃음). 참 나쁜 마음인데, 아이가 있다는 것만으로도 행복하잖아요. 한쪽 구석으론 '공부 요만큼이라도 했으면 좋겠다…', 참 나쁘죠?

면담자   사람이니까.

건우 엄마   그런 마음이 생기더라구요. 저를 힐책하고, '나빠. 너는'(웃음).

6
단원고 5인방 부모님들

면담자   지난 1년 동안 어머니께 위안이 됐던 것들이 무엇이었을까요?

건우 엄마   저희는 5인방이 있어서, 건우 친구 부모님들이 계셔 가지고…. 다른 분들은 어떻게 위로받으셨는지 모르겠지만 저희는 10명이잖아요. 다섯 가족이 똘똘 뭉쳐 있으니까 훨씬 편했어요. 친구들이나 친척분들이나 부모님들한테 말 못 하는 것들을 저희 가족들끼리 앉아가지고 이야기하고 공유하고, 애들 이야기 실컷 하고 서로 자기 아들들 자랑하고 그렇게 지낸 것 같아요. 1년을 그렇게 지내니까, 〈비공개〉 이제 그 집에 뭐가 몇 개 있는지도 알 만큼, 뺑글뺑글 돌아가며…. 초창기 때는 거의 이틀에 한 번, 삼일에 한 번 만나가지고, 저녁마다 만나서….

면담자   처음에 어색하지 않으셨어요? 사고 전에는 전혀 모르는 관계였잖아요.

건우 엄마   처음에는 어색할 것 같았는데요, 애들로 해서 만났으니까 어색한 게 없어요. "어머, 준우가 이랬어?", "어머, 건우가 그런 면이 있었어요?", "어머, 성호가 거기 가서 밥 먹었어요?" 이렇게 되니까 어색한 게 없어요. 다 내 아이, 내 [아이 친구들] 부모가 돼버린 거니까, 식구가 돼버렸어요. 그때 한 번 간담회 가서 그 얘기를 하더라구요. "5인방이 있어서 살 수 있었다"고…. 안 그랬으면 힘들었을 텐데, "서로 부비고 의지하고 그래서 살 수 있었다"고. 근데 저희가 공통적으로 다 그렇게 느끼거든요. 그러니까 가장 좋은 치유는 가족끼리 하는 게 맞는 거 같아요. 같은 상처를 받은 사람들끼리 서로 위하면서 사는 게 가장 좋은 치유인 것 같애.

면담자   왜 그렇게 생각하시는지요?

건우 엄마   다른 분들에게는 할 수 없는 이야기를 우리끼리는 할 수 있고…. 저희가 만나서 술 마시고 그러면 다른 분들이 보기에는, 초창기에는 술 마시고 노래하고 그런 거 보면은 이상해 보일 거잖아요. 내가 이러고 있는 걸 다른 사람이 보면은 '애 잃고 뭐 하는 짓이야?', '애 잃고 웃음이 나와?' 나조차도 그런 생각이 드는데, 우리끼리는 웃고 떠들고 농담하고 그래도 서로 이해를 해요. '저게 진짜 웃는 게 아니다', '진짜 농담하는 게 아니다' 속에는 뭐가 있는지 아니까 그렇게 웃어도, 농담을 해도 다 받아줄 수 있는 거고…. 근데 다른 사람들이 보기에는 얼마나 웃기겠어요. "미친 거 아냐?" [하는] 소리가 나올 만큼 깔깔거리고 별별 이상한 농담을 다 하고 그래요.

처음에 공방에서 선생님이 그러시더라구요. 엄마들이 무서웠대요. "왜요? 저희가 선생님한테 무섭게 한 게 없잖아요" 했더니, 엄마들이 웃으면서, 얘기하면서 농담을 하는데 말은 둥둥 떠다닌데요. 엄마들 표정은… 무섭게, 다들 자기 일만 하면서 말들은 위에서 떠다니는 것 같았대요, 되게 무서웠대요. 중압감이 엄청났다고 그러시더라구요. 근데 저희들끼리는 그렇게 해도 저 사람이 왜 저러는지 알고, 그렇게 해서 토닥토닥한다고 그러나요? 우리끼리 토닥토닥한 거지.

면담자   어머니, EBS '아들들' 나오는 거 보셨잖아요. 어떠셨어요?

건우 엄마   딱히 촬영한 거는 없어요, 아빠들밖에 촬영한 게 없죠. 소파에 있는 거, 즉석에서 이야기하다가… 그 사진이 애들 사진이거든요. "아빠들이 한번 해봐" 그래서 소파에서 똑같이 포즈 한번 취한 거고. 사진 같은 거는 기억저장소에 있는 사진 받아가지고 드린 거고, 나중에 나온 거 보면 너무 멋있게 잘 해놓으셨더라구요. 아니, 우리 아들만 애인이 있는 거로 나와가지고(웃음). 왜 애인이 있는지 앞뒤 설명을 해주셔야지(웃음).

면담자   뭐라고 설명을?

건우 엄마   아니, 바람둥이처럼 애인만 있다고 나오고.

면담자   애인 많이 있다고요?

건우 엄마   건우만 유일하게 애인 있다고 나와요, 앞뒤 설명 없이. 그러면 남들이 보기엔 바람둥이 같잖아요, 바람둥이 아닌데.

면담자   애인만 있는 건데요, 바람둥이 같지 않았어요.

건우 엄마   그 이야기도 많이 해요, 엄마들이. "그래도 건우는 애인이 있었잖아" 하고.

면담자   처음에 건우 이야기할 때 애인 있다고 해서서, 고맘때 한참 이쁘게 첫사랑, 두 번째 사랑일 수도 있고, 인기가 많았나 보다 생각했는데. 여자애들한테 인기가 있어야 연애를 하잖아요.

다들 부러워하신 거 같은데요?

건우 엄마   그건 부러워해요. 그게 속상한 거예요, 엄마들이. 남자아이니까 여자도 만나고, 나이 차면 결혼도 하고 그랬어야 하는데 여자도 못 만나보고, 학생 이후의 생활을 못 하는 거잖아요. 그게 너무 부러운 거예요. 못 해본 게 부러운 거예요, 못 해본 게. 여자도 만나보고 애인도 있어봐야 되고, 차여도 봐야 되고, 결혼도 해봤어야 하고 그런 거죠. 그래도 또 좋아하던 여자 친구도 있었고…. 엄마들이 몰랐던 것도 많더라구요. 내가 내 아이를 모르는 게, 내가 모르던 내 아이가 많았더라구요.

면담자   그건 어떻게 알게 되신 거예요?

건우 엄마   분향소에서 친하게 지내는 분이 계셔요. 그분이 문제 아이들[을] 선생님처럼 상담해 주시는 분인가 봐요. 그 아이들 중에 건우 후배라는 아이가 있었대요. 그 아이가 분향소를 항상 들르는데 건우를 찾아달라고 그러더래요. "니가 건우를 어떻게 알아?" 그랬더니 자기 멘토였다고, 고등학교 때 걔 멘토했거든요. 그러면서 건우한테 가서 분향하고 울더래요. "왜 그래? 건우하고 어떻게 알어?" 그랬는데 "형아가 이야기해줬다"고. 얘가 부모님 한 분이, 어머님이 외국 분이세요. 그러니까 엄마를 창피하게 생각했던 것 같아요. 조금 나쁘게 나가고 그랬는데 건우가 그 이야기를 해줬데요. "우리 엄마는 한국 사람인데…" 웃지 마셔야 해요. "필리핀 사람하고 똑같이 생겼어. 사람들이 우리 엄마를 외국인으로 알아"

그러면서 건우가 "야, 우리 엄마는 한국 사람인데, 외국 사람인 줄 알아. 야, 엄마는 똑같은 엄마고, 엄마는 엄마니까 엄마인 거야. 그건 창피한 게 아냐" 그렇게 이야기를 해줬대요. "엄마는 엄마일 뿐이라고". 그 이야기를 선생님한테 듣고 '아이구, 이놈이 나를' 그때 또 한참 울었어요. '나를 엄마로 깊이 생각해 줬구나. 내가 해준 것도 없는데… 머릿속에 엄마를 생각하고 있었구나'. 똑똑하달까?

면담자   속이 깊네요.

건우 엄마   그러니까요, 그런 말도 할 줄 알고. 그렇게 의젓한 아이인지 몰랐어요. 그냥 의지할 수 있는 애라는 걸 알았지, 그렇게 의젓한 아이인줄 몰랐어요. 오늘은 안 울 거예요.

7
분노스러운 일

면담자   어머니, 지난 1년 동안 가장 화났던 일은 뭐예요?

건우 엄마   화가 하도 수시로 나서…, 딱히 화가 어떨 때 났었지?

면담자   가장 기억에 남는 거요.

건우 엄마   뭐가 화가 났을까요? 아, 특별법 안 됐을 때도 화났고, 미수습자 아이들 [수색하는 거] 그만한다고 잠수부 철수한다고 할 때도 화가 났고, 특별법 제대로 안 됐는데 중단하는 것도 너무 화가 났고… 아직도 여기서 이러고 있는 게 제일 화가 나요. 그게 제일 화가 나죠, 아이들 한자리에 못 모아놓고. 항상 갈 때마다 그 이야기를 해요, 애들 한자리에 모아야 하는데. 요즘 계속 화나는 거는 왜 교실 문제를 벌써 저렇게 왈가왈부하는지도 화가 나고…. 제일 저기한 게 아직도 [정부합동분향소에 아이들이] 있는 게 화가 나요. 저기에 저러고 애들을 허허벌판에 방치해 놓은 거 같아요, 제 기분에는. 분향소 저기 있는 게 별로 안 좋아요, 저거. 미수습자들이 빨리 해결이 돼야, 저희 아이들도 진짜 편안하게 저기[쉬게] 할 텐데, 저기 저렇게 놔두는 게 속상해요. '겨울에 추울 텐데', '여름에 더울 텐데' 그 생각이 드니까. 빨리 한곳에 모았으면 좋겠는데 하나도 진행이 안 되고 있잖아요, 화가 나 있는 상태죠.

면담자   주로 어떻게 푸세요?

건우 엄마   그러니까요. 저는 스트레스를 어떻게 풀어야 될지 모르겠어요(웃음). 혼자 주절주절해요, 건우한테. "야, 너는 그것도 해결 못 하냐?" 오늘 아침에도 "엄마 [구술하러] 가기 싫은데 오늘만 가면 된다" 그러고. 엄마들끼리 수다를 떨어요, 가만히 앉아 있는 것도 괜찮고. 제가 수놓는 거 좋아하거든요.

면담자   공방 일은 다시 하시는 거예요?

건우 엄마   제가 뺀질거리느라고…. 자유를 알았어요. 들어가기 싫어요, 들어가면 일해야 돼요. 공방은 아직 안 나가고요. 조금만 있다가, 조금 더 놀다 가려구요.

면담자   온마음센터에서 모임, 원예는 어떻게 시작하신 거예요?

건우 엄마   그거는 별로 할 생각이 없었는데, 온마음에서 처음에 프로그램이 되게 많았어요. 온마음 선생님들도 하도 하라고 그래 가지고, 개중에 하나 편안한 거, 원예 했는데 한번 하면 끝까지 해야 하잖아요. 중간에 사람들이 없어져가지고 미안하더라구요. 끝까지 하다 보니까 끝에 왔어요. 올 말이 끝이에요. 11월 말로 끝나요. 이제 그만할라고요.

면담자   원예가 맞으셨나요, 다른 거보다?

건우 엄마   제가 다른 거보다 나름 아가씨 적에, 소싯적에는 원예를 했었거든요. 제일 만만하더라구요. 가서 했는데 제가 알던 그런 게 아니고 원예 치료 같은 거, 엄마들끼리 모여서. 원예 치료사라고 하나요? 마음 다잡고 그런 거.

면담자   꽃만, 원예만 하는 게 아니었네요?

건우 엄마   그거 하면서 마음이… 조금씩 집중하니까. 서로 또 이야기하잖아요. 옆에서 이야기하는 게 치료가 되는 것 같아요, 서로.

면담자   중간에 그만두신 분들은 왜?

건우 엄마   중간에 일이 많았어요. "간담회 간다" 그러고, "세종시 간다" 그러고. 중간중간 한 분씩 빠져요. 그렇게 되면은 나가기가 싫어요.

면담자   계속 나가는 것도 쉽지 않았을 것 같은데요.

건우 엄마   정말 쉽지 않았어요. 안 나가고 싶었는데 약속 때문에 나가긴 나갔는데….

8
4·16 참사 이후 정치관 변화와 배·보상

면담자   지난 4·16 이후에 삶에서, 인생관이라든지 변화가 있다면 어떤 점인지요?

건우 엄마   예전에는 하나도 몰랐던, 나라에 대한 비리라고 해야 하나요, 국가에 대한 비리도, 저희가 수요일마다 교육 받았는데 거기서 많이 배웠구요. 한 번도 들어보지 못한 의문사도 알게 됐고. 예전에는 평범한 시민이었잖아요. 지금도 평범한 시민이긴 한데… 의식이 조금 바뀌었다고 해야 하나요? '나만 잘 살면 왜?' [하고] 보통사람으로 생각하고 살았는데, 지금은 둘러보게 돼요. '내 주위에 뭐가 있나?', '나 말고 저 사람이 무엇을[무슨 일을] 당하고 있나?', 장애인도 한 번 둘러보게 되고…. 서명하는 데 보면은 예전에는 그냥 지나쳤어요. '내가 안 해도 다른 사람들이 할 텐데' 하고. 지금은 가서 보고 서명하고… 그거 조금 바뀌었다고 할까? 아직도 멀었는데, 그래도 둘러볼 수 있는 저기가 생긴 것 같아요. '나 말고 저런 아픔이 있는 사람이 있구나' 하고. 그동안은 눈 막고 귀 막고 살았는데 이젠 조금 보여요. '왜 저 사람들이 저렇게까지 데모를 하나?' 예전에는 TV 보면 '왜 저렇게 데모를 해? 안 그래도 살기 팍팍한데, 그냥 있으면 어련히 나라에서 잘 해주겠지'[라고 생각했지], 오죽하면 거기 가서 그렇게 하겠냐는 생각을 그땐 못 했어요. 그러고 보면 조금 바뀐 거죠, 멀긴 한데.

면담자　　어머니, 배·보상 관련 내용이 언론에 오르내리면서 주변에서 나오는 이야기들이 있나요?

건우 엄마　　저희 가족분들은 소송 들어간 걸 알기 때문에 그런 걸 안 물어보세요. 친구들하고도, 제가 참 오지랖이 넓은 사람이었는데, 전화 통화를 한 통화도 안 해요. 받아봐야 할 말도 없고. 그 사람들도 "잘 지내냐?" 그 이야기 할 텐데, 잘 지낸다고 이야기하고 싶지 않거든요. 잘 지내는 게 아니거든요. 생활을 하긴 하는데 잘 지내는 거 같지는 않거든요. 그런 말하기도 싫고, 전화를 안 받아버려서, 제 주위에서 배·보상 관련해서 이야기하시는 분들은 없어요. 부모님들이나 형제자매들은 소송 들어간 거 다 알고, 그렇게 하라고 했던 사람들이니까.

면담자　　소송 들어가신 이유가 뭐예요?

건우 엄마　　저희 아이 명예를 되찾아 주고 싶어서 들어갔어요. 저희가 여기서 승복을 하면은 받아들이는 거잖아요, 사고로. 물론 사고가 난 것은 맞아요. 사고지만 책임을 져줘야 하잖아요. 왜 그렇게 됐는지 누군가는 책임을 져야 하잖아요. 저희가 그냥 받아들이면 억울하잖아요, 우리 아들이. 한 번쯤은 꿈틀하고 싶었어요.

평범한 시민이지만 나도 한번 밟으면 꿈틀한다는 걸 보여주고 싶어서…. 건우 아빠가 들어간 이유는 건우의 명예를, 저희 아이 배·보상 금액이 책정이 된 게 최저임금이에요. 그 일용직이라고 해야 하나요? 최저임금, 가장 낮은 금액으로 책정이 되어 있어요. 이 아이가 어떻게 될 줄 알고? 물론 그래, 노숙자가 될 수 있어. 그치만 지금 그렇게 결정하는 게 화가 나요. 부모 입장에서 내 아이를 노숙자 취급할 수 없잖아요, 왜 우리 아이 가치를 그 정도로밖에 인정을 안 해주냐는 얘기죠. 잘못 들으면 "그래 너 역시 돈 때문에 그러는 거야" [할지도 모르지만], 그 말 맞아요, 돈 때문에 그러는 거예요. 우리 아이 명예가 그렇게 되는 게 저는 싫어요. 내 아이가 왜 최저임금으로… 계산이 돼야 하는지. 나는 우리 아이들 좀 더 높은 레벨로 만들어주고 싶어요.

면담자　　　언론에서는 많이 주는 걸로 나오잖아요.

건우 엄마　　금액은 많이 주는 거 같은데요, 그 금액 책정이 가장 낮은 저기[최저임금] 금액으로 책정되어 있어요, 저희 아이들 기준이. 그러니까 화가 나는 거죠, 괜히 화가 나는 게 아니라. 왜 내 아이가, 이 아이가 박사가 될 수도 있고 의사가 될 수도 있는데.

　　저희 5반이 문제가 많아요. 개별적으로 활동을 정말 잘 하시고, 활동하시는 분은 강하게 잘 하시는데, 안 하시는 분은 아예 아무것도 안 하세요. 저희는 딱히 갈라지고 그런 것도 없고, 애초부터 그랬어요. 열심히 하시는 분, 안 하시는 분…. 배·보상 신청 많이 하신 거 같아요, 반반인 거 같아요. 지금까지 활동하신 분들은 소송 들어가셨고, 활동 안 하셨던 분들은 배·보상 신청하신 거 같아요.

면담자　　　반모임 활동이나 분향소 등에는 활동하는 분들만 나오신다는 거죠?

건우 엄마　　네. 당직 서는 것도 활동하는 사람만 나오고 있어요, 5반은. 다른 반은 [활동] 안 하시는 분들도 다 나와서 당직을 서신다는데 그것도 섭섭하긴 해요, 같은 부모로서. 저희가 활동을 하고 말고 상관없이 저희는 상주잖아요, 아직 분향소가 있으니까, 아이들이 저기가[탈상이] 안 됐으니까. 그러면 상주의 몫은 해야 하는 거잖아요. 분향소를 지키는 건 상주가 손님을 맞는 건데, 어떻게 그거마저도 안 하시는지. 자기 아이를 잃었으면 그 정도는 해야 되는 게 부모 된 도리가 아닐까 하는데, 같은 부모로서도 그게 조금 섭섭해요. 조금 그런 건 있는 거 같아요. '얼마나 힘들면 못 나오시나?' 그렇게도 생각이 되고…. 나올 수 있는 사람이라도 나가서 지켜야지(웃음).

면담자　　　어머니, 아까 목표가 없다고 하긴 하셨는데, 그래도 앞으로 '이건 이루고 싶다' 하는 바람이나 기대 같은 건 어떠세요?

건우 엄마　　제 삶의 목표는 아직 못 정했구요. 우리 아이들 추모관은 제발 안산시에 했으면 좋겠어요. 안 될 수 있을 것 같은데, 그래도 시민분들과 잘 해가지고…. 저도 처음에는 납골당을 무섭다고 해야 하나, 좀 안 좋은 곳으로 생각을 했는데, 우리 아이가 거기 있다고 생각하니까 되게 편해요. 편안하게 왔다 갔다 하게 되더라구요, 장례식장도. 저 같은 경우에 옛날에는 음식도 못 먹었어요, 꺼림칙하고 그래서. 이제는 거기가 너무 편해요. 생각을 조금만 바꿔주셨으면 좋겠어요. 내 아이가 거기 있다고 생각하면 진짜 거기가 우리 아이 집 같더라구요. 조금만 생각을 바꿔서, 아이들 자리는 티 안 나게 한쪽에 잘 놔둘 테니까, 납골당은 한쪽에 놔두고… 추모공원 안에 조그맣게 놔둘 테니까 안산에 꼭.

면담자   안산에 꼭 하셨으면 하는 이유가?

건우 엄마   안산 시민이잖아요, 우리 아이들이. 다른 도시가 아닌 고향이 안산이에요. 고향에 있어야지 어디 갈 거야?

면담자   어머니, 추모공원 하고 나면, 진상 규명된 후에는 '이렇게 살고 싶다' 생각하신 것은 없으세요?

건우 엄마   거기까지는 생각을 못 해봤어요. 저희가 아직도 그 얘기 하거든요. "우리 칠십, 팔십 돼서도 도보하러 가자고 하면 나가야 되는 거 아냐?"(웃음) 그때 가서 생각하려구요. 추모공원 되고 진상 규명 조금만 밝혀지고, 그때 가서 생각해도 늦지 않을 거 같아요. 그렇게 되면 다른 분들, 힘든 분들 조금 쫓아다닐 수 있을 거 같아요, 내 일 아니어도 쫓아다녀 드리고 싶고.

9
진상 규명의 의미

면담자　　어머니에게는 진상 규명이 어떤 의미인지요?

건우 엄마　　진상 규명이라는 게 우리 아이 명예라니까요. '내 아이가 왜 죽어야 됐는지?' 그거가 제일 궁금하고, 사고 말고… 왜 구조를 안 했는지, 왜 우리나라 시스템이 이 모양 이 꼴이 됐는지, 왜 단원고, 왜 내 아이… 왜 그랬는지 알아야 되잖아요. 왜, 왜, 평범하게 잘 살고 있는 나한테, 하필. (울먹이며) 누군가 왜 그랬는지 가르쳐줘야 되는데 아무도 안 가르쳐주니까, 사고 났다고만 하니까, 왜 사고 나야 됐는지, 그게 진상 규명이죠. 왜 사고가 나야 됐는지, 그게 제일 궁금해요. 왜?

면담자　　어머니, 긴 시간 말씀 나눴는데, 혹시 빠진 이야기가 있으세요?

건우 엄마　　집에 가서 고민해야 되는데, 이제 없을 거 같아요. (긴 침묵) 진상 규명이 될까요?

면담자　　왜 그런 생각을 하세요?

건우 엄마　　힘들 것 같아요. 정권이 바뀌어도 힘들 거 같아요. 너무 사람들이 난해해요[사람들을 이해하기 어려워요]. 그 사람들이 다 썩어 있기 때문에 안 바뀔 거 같아요.

면담자   정권이 바뀌어도 비슷할 거 같다고 생각하세요?

건우 엄마   그럴 거 같애. 〈비공개〉 정권이 바뀌어도 다 그 나물
에 그 밥이잖아요. 그 밥에 그 나물인가요? 그 사람들도, 야당도 지
금 큰소리를 못 치고 있잖아요, 뻔히 알면서. 다들 같이 썩어 있기
때문에 그렇지 않겠어요? 바뀌어봐야 크게 그렇게 안 될 거 같애.
책임자 몇몇 처벌 정도? 그렇게라도 처벌을 받았으면 좋겠어요, 몇
몇이라도, 하나도 안 받는 거보다는…. 왜 사고가 났어야 됐는지,
그리고 왜 구조를 빨리 안 했는지, 그거는 밝혀져야 하잖아요. 최
소한 그거는 밝혀줘야 하잖아요. 무리한 건 아니잖아요.

면담자   최소한 밝혀지는 것이 그거라면 나중에 최대한이랄
까, 온전한 진상 규명은 어떤 그림이신지요?

건우 엄마   우리나라 대통령…까지 가야 되겠죠. 정확하게 갈라
면? 근데 거기까지는 못 가잖아요.

면담자   대통령까지 가야 된다고 생각하신 이유가 뭐예요?

건우 엄마   이 나라 대통령이 제대로 하지 않은 거잖아요. 제대
로 정치를 한 게 아니잖아요. 이 사람뿐만이 아니라 역대 대통령들
이 사고를 쳐놓은 거잖아요. 합법화를 시킨 거잖아요. 증축이고 뭐
고 합법화를 시킨 거고, 불법이 자행이 되었던 게 하루 이틀에 이
루어진 게 아니잖아요. 다 파헤치려면, 그 밑에 해먹은 사람들이
다 있을 거 아니에요. 그 사람들이 올라가다 보면 대통령까지 나오

지 않겠어요? 대통령이라고 깨끗하진 않을 거 아니에요. 자기도 해 먹었으니까 지금 감추려 하는 거 아니겠어요. 왜 감추려 하는 거겠 어요. 왜 우리를 자꾸만 나쁜 사람처럼 오도 가도 못 하게…. 좀 위 험한 발언인데(웃음) 대통령까지 책임져야 한다고 생각해요, 진짜 밝혀지려면. 최소한 책임자들, 왜 그렇게 했는지, 왜 구조를 안 했 는지, 구조에 대한 책임, 불법 증축을 했는데 왜 그걸 묵인해 줬는 지에 대한 책임… 그런 책임자들 외에는, 그거에 대해 묵인한 게 대통령이잖아요. 묵인하고 끝까지 간 게 대통령이잖아요. 한 나라 의 대통령이 책임져야 하는 거 아니에요? 304명의 목숨을 그렇게 허무하게 보낸다는 거는, 그래 놓고 아무것도 안 한다는 거는 한 나라의 대통령의 자격이 없다고 봐요. 한두 명이 아니잖아요. 한두 명도 소중한 목숨인데, 304명이잖아요. 지금 남의 나라 백 몇 명 가 지고 호들갑 떨고 있잖아요. 그 사람들도 가슴 아픈 거 알아요, 저 희는 더 많아요. 그 사람들도 너무너무 가슴 아프게 그렇게 됐는데, 대통령 저기 했더만요, 같이 감금하게 뭐 한다나, 뉴스 자막에 계속 뜨던데.

면담자　　파리 상황 말씀이세요?

건우 엄마　　파리[2015년 11월 13일 파리 테러] 그거. 남의 나라 걱 정하지 말라고, 남의 나라 걱정하지 말고 우리나라나 잘 살피라고. [대통령이] 조금 있다 또 [해외에] 나간다고 그러더라구요, 비행기 타 고. 어떻게 그렇게 자주 나가는지, 사담이에요(웃음).

면담자	그럼 건우 어머니 구술증언은 여기까지 하겠습니다.
건우 엄마	네, 더운데 고생하셨어요.
면담자	긴 시간, 감사합니다.

4·16구술증언록 단원고 2학년 5반 제3권

그날을 말하다 건우 엄마 김미나

ⓒ 4·16기억저장소, 2019

기획 편집 4·16기억저장소 ┃ **지원 협조** (사)4·16세월호참사가족협의회
펴낸이 김종수 ┃ **펴낸곳** 한울엠플러스(주)
초판 1쇄 인쇄 2019년 4월 1일 ┃ **초판 1쇄 발행** 2019년 4월 16일
주소 10881 경기도 파주시 광인사길 153 한울시소빌딩 3층
전화 031-955-0655 ┃ **팩스** 031-955-0656 ┃ **홈페이지** www.hanulmplus.kr
등록번호 제406-2015-000143호

Printed in Korea.
ISBN 978-89-460-6744-8 04300
        978-89-460-6700-4 (세트)
* 책값은 겉표지에 표시되어 있습니다.